チャイルド本社

もくじ

会場飾りの主役！ 入・退場門のアイデア ④

- 既製のアーチを使って！ …… 4
- 段ボール箱を使って！ …… 12
- 子どもと作る …… 16

子どもたちと作る！ オリジナル万国旗 ⑳

フレーフレー!! 運動会を盛り上げる 応援＆演技グッズ ㉔

- チームフラッグ …… 24
- メガホン …… 26
- ポンポン …… 28
- 小旗 …… 30
- 音が鳴るグッズ …… 32
- バトン …… 33
- コスチューム …… 36

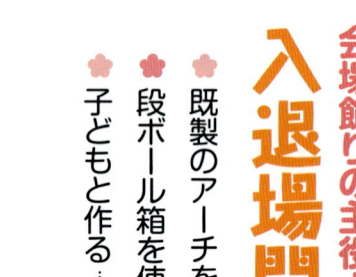

がんばったね！の気持ちを込めて メダルカタログ

- キラキラメダル …… 40
- 定番かわいいメダル …… 42
- 立体メダル …… 44
- 素材いろいろメダル …… 46

見やすくて、楽しい！ 案内グッズ

- プログラム …… 48
- 案内マーク …… 54

コピー用型紙集 …… 57

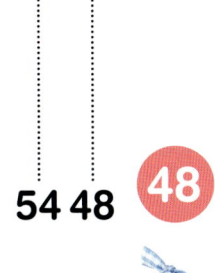
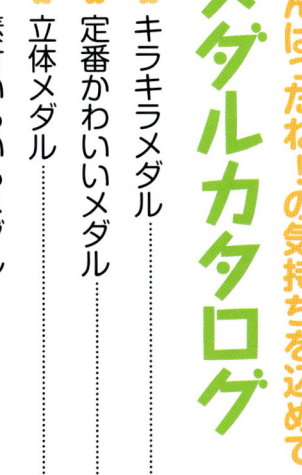
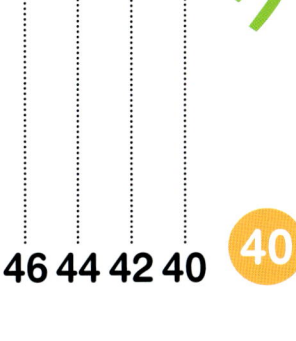

段ボール箱を使って！
ゆかいなロボット形ゲート

アンティーク風のロボットがお出迎え。
市販のアップリケや紙のおもちゃなども組み合わせて、
にぎやかに！

案・製作／丸林佐和子

材料 段ボール箱（土台用）、色画用紙、片段ボール、紙皿、紙コップ、布、麻ひも、ボタン、ボンテン、包装紙、カップめんの空き容器、発泡球、竹ぐし、木の実、ビーズ、空き箱、シールやアップリケなど、水を入れたペットボトルや砂袋など（おもし用）

型紙は **P63**

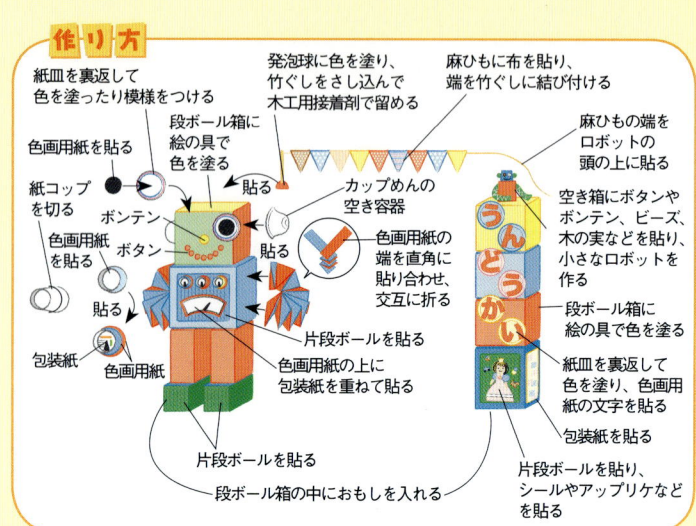

作り方
- 紙皿を裏返して色を塗ったり模様をつける
- 色画用紙を貼る
- 紙コップを切る
- 色画用紙を貼る
- 包装紙
- 色画用紙
- ボンテン
- ボタン
- 貼る
- 片段ボールを貼る
- 色画用紙の上に包装紙を重ねて貼る
- 片段ボールを貼る
- 段ボール箱の中におもしを入れる
- 発泡球に色を塗り、竹ぐしをさし込んで木工用接着剤で留める
- 段ボール箱に絵の具で色を塗る
- 貼る
- カップめんの空き容器
- 色画用紙の端を直角に貼り合わせ、交互に折る
- 麻ひもに布を貼り、端を竹ぐしに結び付ける
- 麻ひもの端をロボットの頭の上に貼る
- 空き箱にボタンやボンテン、ビーズ、木の実などを貼り、小さなロボットを作る
- 段ボール箱に絵の具で色を塗る
- 紙皿を裏返して色を塗り、色画用紙の文字を貼る
- 包装紙を貼る
- 片段ボールを貼り、シールやアップリケなどを貼る

POINT
ロボットの手は紙バネで製作！
2色の色画用紙で作った紙バネで、ロボットの手や首を作ります。箱を組み合わせた直線的なフォルムに、曲線が加わることで、ぐっと楽しい印象になります。

段ボール箱を使って！

カラフルアニマルゲート

元気いっぱいビタミンカラーのゲートでは、動物たちがにっこり笑顔で待っています。
案／宮尾怜衣　製作／みつき

材料　色画用紙、画用紙、段ボール箱、片段ボール、発泡スチロール板、お花紙、発泡球、竹ぐし、キラキラしたモール、キラキラした折り紙、綿ロープ、厚紙（台紙用）

型紙はP63

POINT

大きな顔で迫力もアップ！

大中小の段ボール箱を重ねて、ぞう・いぬ・うさぎの顔を。キャラクターは、段ボール箱から少しはみ出すくらいに貼ると、迫力が出ます。

段ボール箱を使って！
キラキラ宇宙ゲート

星やロケットが飛び、カラフルな光が交差する、にぎやかな宇宙ゲートです。

案・製作／みつき

POINT　キラキラ＆ピカッ！

一番上には、カラフルな星とその軌跡を貼って、動きを。細長く切った色画用紙で光のラインを作ると、ぐっと派手な印象になります。

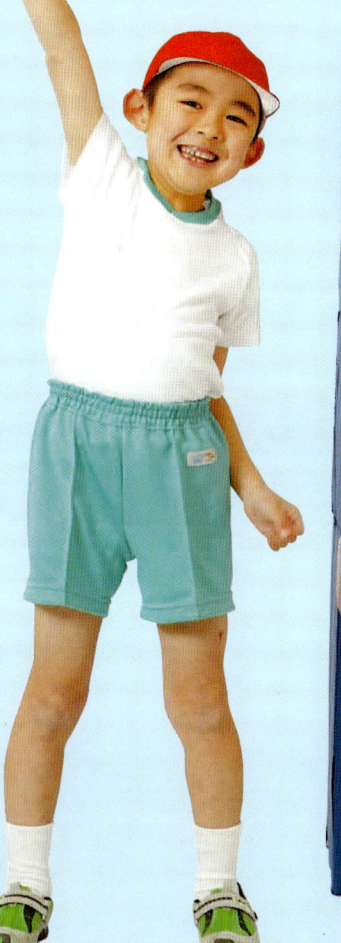

作り方

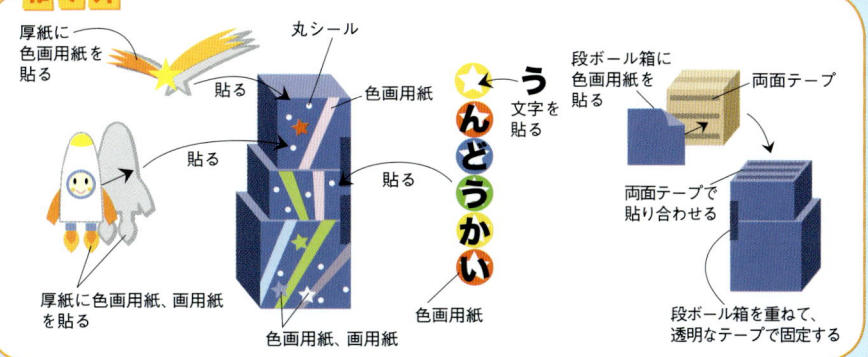

材料
段ボール箱、色画用紙、画用紙、丸シール、厚紙（台紙用）

型紙はP64

🚩 子どもと作る

飛び出せ！カラフルゲート

子どもたちと塗りたくりをした、カラフルなベースの色がきれい！
飛び出すように貼った自由画で、元気で楽しい印象に。

案・製作／くまがいゆか

POINT
カラフルな段ボール箱を重ねて！

塗りたくりをした厚紙を、膨らみをもたせるようにして貼り、縦・横交互に重ねていくだけで、表情豊かな柱ができます。

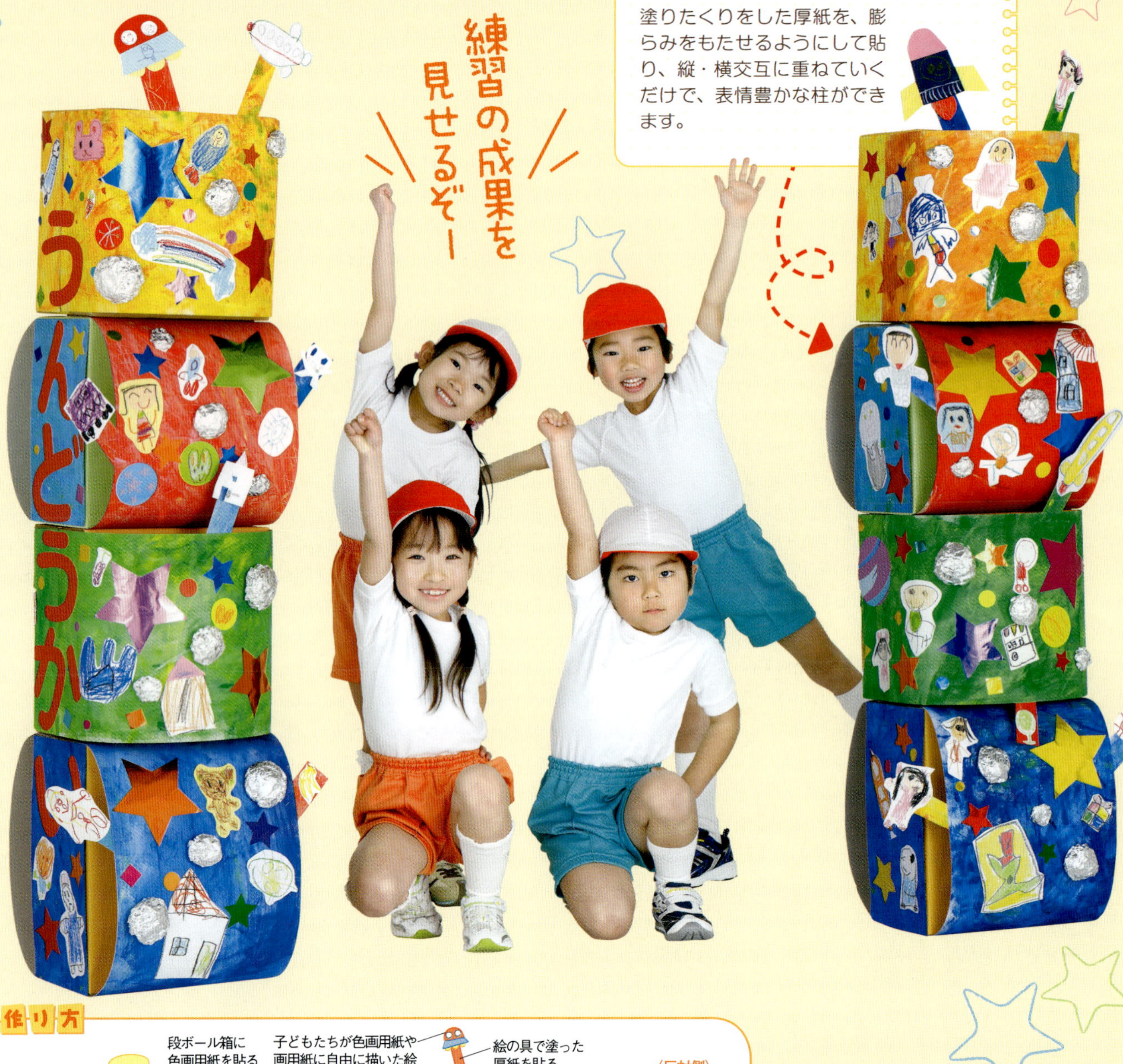

練習の成果を見せるぞー

作り方

- 段ボール箱に色画用紙を貼る
- 子どもたちが色画用紙や画用紙に自由に描いた絵
- 絵の具で塗った厚紙を貼る
- 横タイプと縦タイプを交互に重ねて貼り合わせる
- 塗りたくりをした厚紙を貼る（同様に縦に貼るタイプを作る）
- 厚紙の膨らみの内側に貼る
- 色画用紙
- 〈反対側〉
- キラキラした折り紙
- 一番下の段ボール箱の中に、おもしを入れる
- 厚紙の膨らみの内側に貼る
- 銀色の折り紙で、丸めたティッシュペーパーを包み、貼る

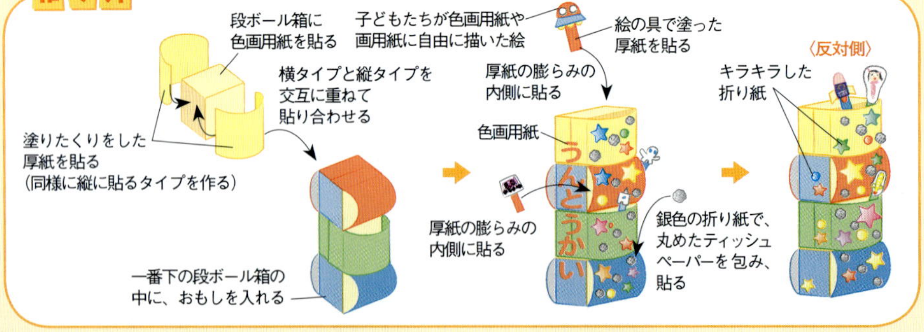

材料
色画用紙、画用紙、キラキラした折り紙、塗りたくりをした厚紙、ティッシュペーパー、水を入れたペットボトルや砂袋など（おもし用）
段ボール箱（土台用）

型紙は **P65**

子どもと作る ぺたぺた手形のお日様ゲート

子どもたちの手形で作った太陽は、迫力満点！
子どもたちの自画像を飾って、手作り感たっぷりに。

案・製作／俵 裕子

POINT
キラキラ光る太陽！
太陽の顔は、厚紙にアルミホイルとカラーセロハンを重ねて巻いて、ピカピカに仕上げます。

材料
段ボール箱、段ボール板、模造紙、色画用紙、画用紙、スズランテープ、厚紙、アルミホイル、カラーセロハン、カッティングシート、トイレットペーパーの芯、水を入れたペットボトルや砂袋など（おもし用）

型紙はP65

作り方

- 切り込みA
- 段ボール箱を重ねて貼り合わせ、模造紙を巻く
- 画用紙に、子どもが自画像を描き、切り取る
- 貼る
- 切り込みB
- スズランテープを巻く
- 画用紙にアルミホイルとカラーセロハンを貼る
- 切り込みを入れて扉を作り、中におもしを入れる
- 色画用紙に手形を押す
- 段ボール板の表面に白い絵の具を塗る
- 厚紙にアルミホイルとカラーセロハンを巻く
- 貼る
- カッティングシート
- 切り込みAにさし込む
- 厚紙にホッチキスで留める
- カッティングシートを貼る
- 画用紙を輪にして貼る
- 切り込みBにさし込む
- スズランテープを通す
- 裏
- トイレットペーパーの芯を貼り、スズランテープを巻き付ける

子どもと作る
くまさんの応援ゲート

「この絵、ぼくが描いたんだよ」と、保護者に自慢する子どもたちの声が聞こえてきそうです。

案・製作／ピンクパールプランニング

材料 段ボール箱、色画用紙、画用紙、お花紙、布クラフトテープ、段ボール板（台紙用）、水を入れたペットボトルや砂袋（おもし用）

型紙はP66

POINT
カラフルな色づかいで元気よく！
真っ赤な柱にカラフルな花を飾ります。子どもたちの作品をたくさん貼り、にぎやかに仕上げましょう。

走るの得意だよ！

子どもと作る 仲よしタワーゲート

段ボール箱を積み木のように重ねたタワー。てっぺんには、大きな動物のバルーンが！

案・製作／とりごえこうじ

材料 段ボール箱、カラーポリ袋、色画用紙、画用紙、紙テープ、トイレットペーパーの芯、カラークラフトテープ（装飾用）、水を入れたペットボトルや砂袋（おもし用）

型紙はP66

作り方

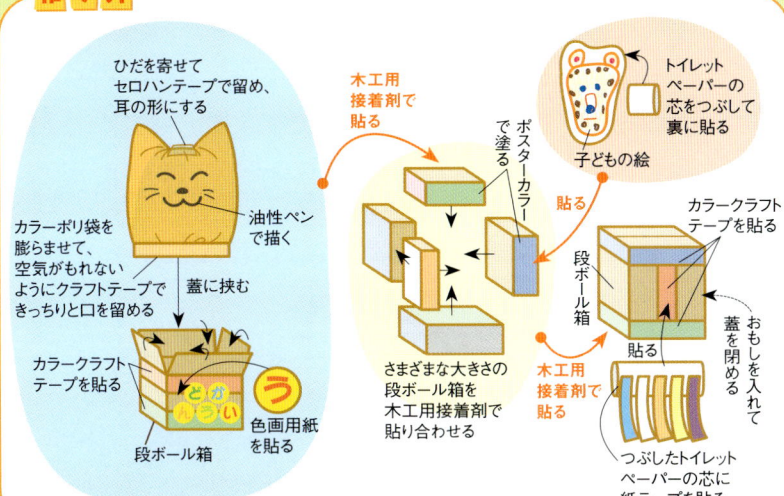

POINT 大きな動物バルーン！

タワーの一番上に設置した「動物バルーン」は、カラーポリ袋を膨らませて作ります。いろいろな動物の顔も、簡単に作れます。

いちに、いちに…

子どもたちと作る！オリジナル万国旗

運動会らしさを演出するのは、青空に輝く色とりどりの万国旗。子どもたちといっしょに手作りしてみましょう。

デカルコマニーフラッグ

デカルコマニーならではの模様の出方を楽しみながら作ります。空いたスペースには、クレヨンで模様を。

案・製作／くまがいゆか

材料 色画用紙、画用紙、ひも

ぺったん手形の鳥フラッグ

鳥の体は包装紙。子どもの手形を羽に見立てて貼り、クレヨンでくちばしや目などを描いてできあがり！

案・製作／俵　裕子

材料 画用紙、包装紙、新聞紙、ひも

お絵描きフラッグ

クレヨンで画用紙に模様を描いたら、透明のビニール袋へ。袋の上から油性ペンで好きな絵を描いて完成です。

案・製作／くまがいゆか

材料 画用紙、ビニール袋、ひも

作り方

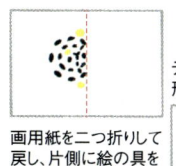
画用紙を二つ折りして戻し、片側に絵の具をつける。折り線どおりに折り、開いて乾かす

デカルコマニーの形に沿って切る

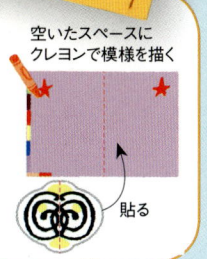
空いたスペースにクレヨンで模様を描く

貼る

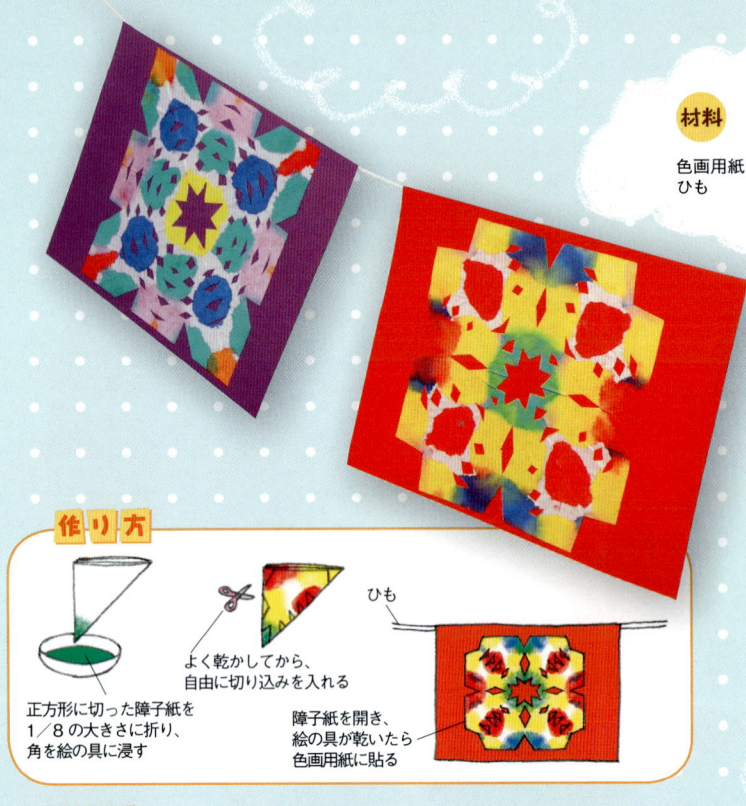

カラフル切り紙フラッグ

材料 色画用紙、障子紙、ひも

色画用紙と染め紙のコントラストが鮮やか！青空に映えます。

案・製作／代々木公園アートスタジオ

作り方

正方形に切った障子紙を1/8の大きさに折り、角を絵の具に浸す

よく乾かしてから、自由に切り込みを入れる

障子紙を開き、絵の具が乾いたら色画用紙に貼る

作り方

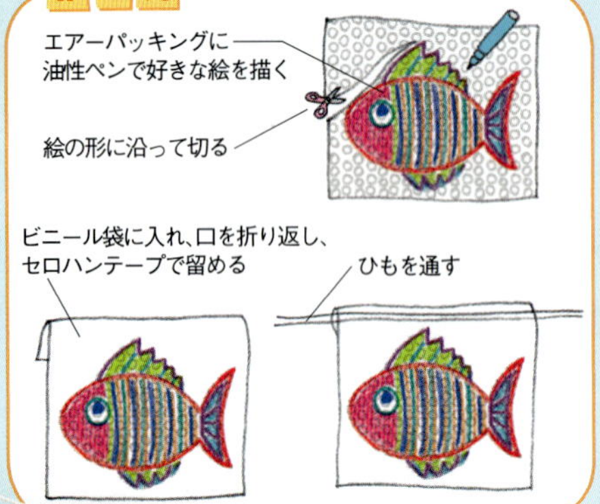

エアーパッキングに油性ペンで好きな絵を描く

絵の形に沿って切る

ビニール袋に入れ、口を折り返し、セロハンテープで留める

ひもを通す

エアーパッキングの海フラッグ

材料 エアーパッキング、ビニール袋、ひも

エアーパッキングに、海の生き物を描きます。透明感のある素材がピッタリ！

案・製作／代々木公園アートスタジオ

材料
色画用紙、包装紙や広告紙、画用紙、ひも

包装紙の ラインフラッグ

細く切った包装紙や広告紙を自由に貼ります。中央にはメダル風の模様を！

案・製作／代々木公園アートスタジオ

作り方
- 色画用紙
- 細く切った包装紙や広告紙
- 貼る
- 台紙の形に合わせて、はみ出した部分を切る
- 画用紙にクレヨンで模様を描く

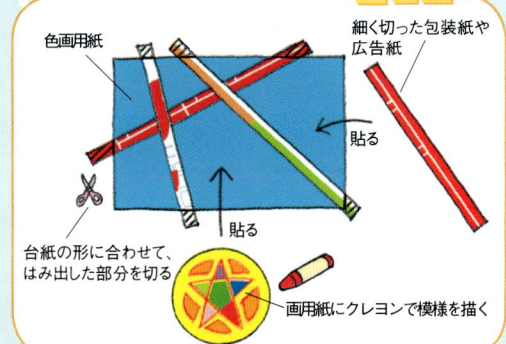

切って貼る！ ランナーフラッグ

切ったりちぎったりした包装紙を、走っている人の形に組み合わせる、運動会らしい万国旗です。

案・製作／俵 裕子

材料
包装紙、色画用紙、ひも

フレーフレー!! 運動会を盛り上げる

応援&演技グッズ

がんばっている友達を応援するのも、運動会の楽しみです。子どもたちといっしょに作れそうなアイデアもそろっています。

応援グッズ

チームフラッグ

このコーナーの 型紙は P67 です

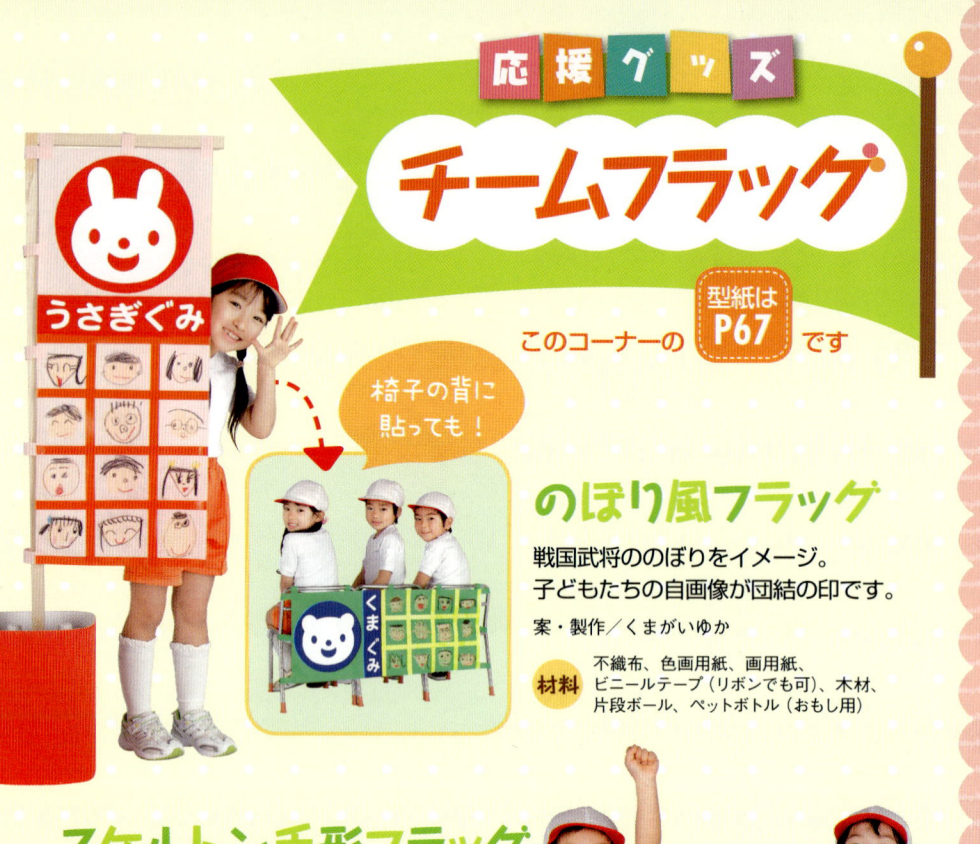

うさぎぐみ

椅子の背に貼っても！

くまぐみ

のぼり風フラッグ

戦国武将ののぼりをイメージ。
子どもたちの自画像が団結の印です。

案・製作／くまがいゆか

材料 不織布、色画用紙、画用紙、ビニールテープ（リボンでも可）、木材、片段ボール、ペットボトル（おもし用）

スケルトン手形フラッグ

子どもたちの手形を押した布を
エアーパッキングでカバー。

案・製作／くまがいゆか

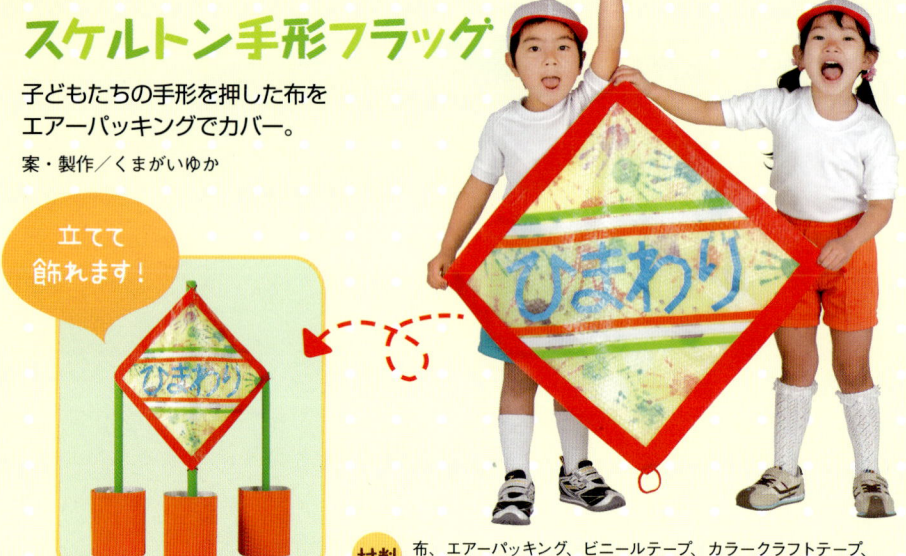

立てて飾れます！

ひまわり

ひまわり

材料 布、エアーパッキング、ビニールテープ、カラークラフトテープ、キラキラしたテープ、綿ロープ、片段ボール、ペットボトル（おもし用）

作り方

スケルトン手形フラッグ

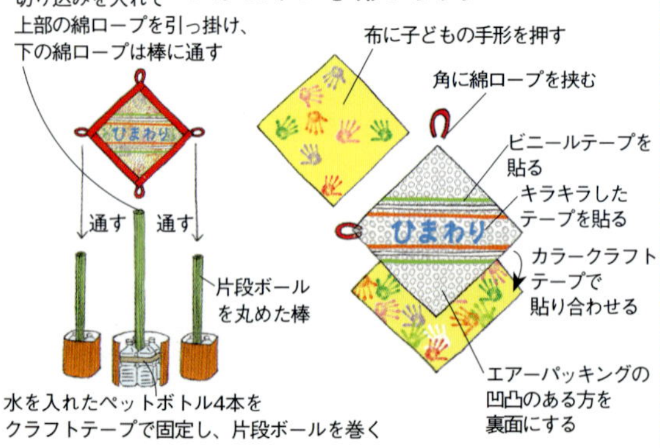

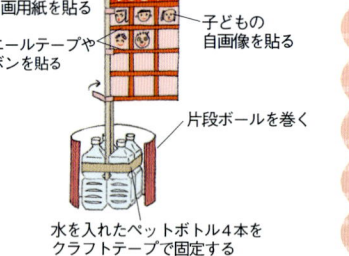

切り込みを入れて
上部の綿ロープを引っ掛け、
下の綿ロープは棒に通す
布に子どもの手形を押す
角に綿ロープを挟む
ビニールテープを貼る
キラキラしたテープを貼る
ひまわり
カラークラフトテープで貼り合わせる
通す
通す
片段ボールを丸めた棒
エアーパッキングの凹凸のある方を裏面にする
水を入れたペットボトル4本をクラフトテープで固定し、片段ボールを巻く

のぼり風フラッグ

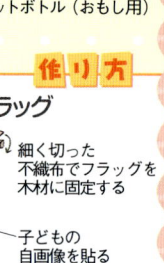

不織布
細く切った不織布でフラッグを木材に固定する
うさぎぐみ
色画用紙や画用紙を貼る
子どもの自画像を貼る
ビニールテープやリボンを貼る
片段ボールを巻く
水を入れたペットボトル4本をクラフトテープで固定する

みんな笑顔フラッグ

うさぎさんの体に、子どもたちの絵がいっぱいです。
見ただけで、思わずにっこり！

案・製作／あかまあきこ

材料 布、色画用紙、画用紙、旗立て台、木の棒、ひも

お花のクラスプレート

カラフルな色合いが目を引きます。
おもしを入れることで安定感が増し、
どこにでも置けるのがポイント。

案・製作／みつき

材料 色画用紙、画用紙、段ボール板、ペットボトル（おもし用）

簡単クラスプレート

クラスのモチーフを椅子の背に貼るだけ。
ラクラク作れます。

案・製作／あかまあきこ

材料 色画用紙、画用紙、段ボール板、椅子、木の棒

簡単クラスプレート

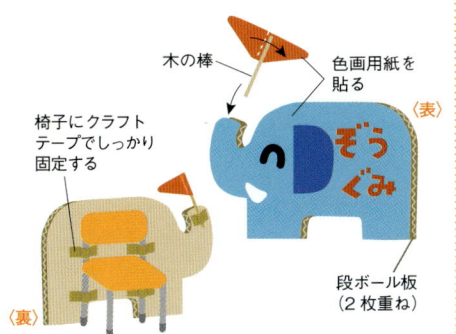

椅子にクラフトテープでしっかり固定する／木の棒／色画用紙を貼る／〈表〉／〈裏〉／段ボール板（2枚重ね）

お花のクラスプレート

色画用紙を貼る／段ボール板を三角形に折り、クラフトテープで留める／水を入れたペットボトルを入れる／両面テープで貼る／画用紙

みんな笑顔フラッグ

ひも／木の棒／色画用紙を貼る／子どもが描いた絵を貼る／水性ペンなどで書く／布（1×0.6mくらい）の下を丸く切る

※木の棒とフラッグをしっかりと固定しましょう。
また、旗立て台と地面を固定すればさらに安全です。

応援グッズ

メガホン

このコーナーの型紙はP68〜P69です

ロケットメガホン

紙コップを逆さまに使った、ロケット型がおもしろい。

案・製作／ピンクパールプランニング

材料：紙コップ、色画用紙、画用紙、キラキラしたテープ、キラキラした折り紙、ひも

ガラガラメガホン

動かすたびに音がするのが楽しい！カラフルな装飾もきれいです。

案・製作／あかまあきこ

材料：カラー工作用紙、ビニールテープ、ペットボトル、リボン、ビーズ、糸、キラキラしたテープ

カチカチメガホン

大きな声援に鳴り物が加われば、応援もいっそう楽しい！

案・製作／あかまあきこ

カチカチって鳴るよ！

材料：カラー工作用紙、ビニールテープ、ペットボトルの蓋、リボン

作り方

ガラガラメガホン

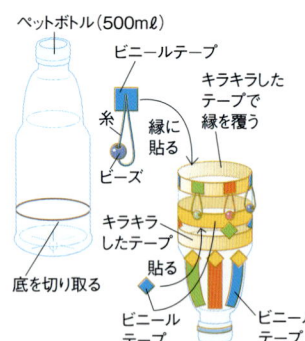

ペットボトル（500mℓ）／ビニールテープ／糸／ビーズ／キラキラしたテープで縁を覆う／縁に貼る／キラキラしたテープ／貼る／ビニールテープ／ビニールテープ／底を切り取る

カチカチメガホン

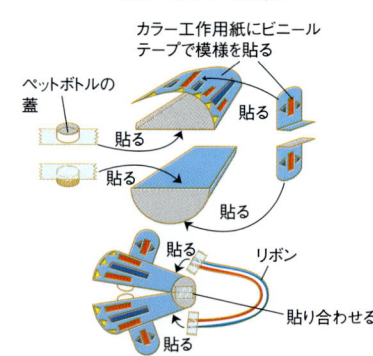

ペットボトルの蓋／カラー工作用紙にビニールテープで模様を貼る／貼る／貼る／貼る／貼る／リボン／貼り合わせる

ロケットメガホン

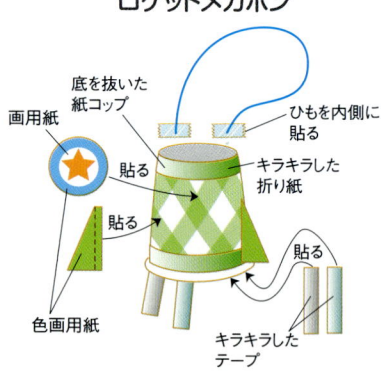

底を抜いた紙コップ／画用紙／ひもを内側に貼る／貼る／貼る／キラキラした折り紙／色画用紙／貼る／キラキラしたテープ

ぞうさんメガホン

ぞうさんをモチーフにした、長〜い鼻がポイントです。

案・製作／いとう・なつこ

材料
色画用紙、厚紙、包装紙

帽子メガホン

子どもたちが絵を描いて作れば、運動会の記念にもなります。

案・製作／いしかわ☆まりこ

動物メガホン

子どもの好きな動物や、クラスごとにモチーフを決めて作りましょう。

案・製作／丸林佐和子

材料
紙コップ、色画用紙、厚紙、リボン

材料
画用紙、輪ゴム、シール

動物メガホン

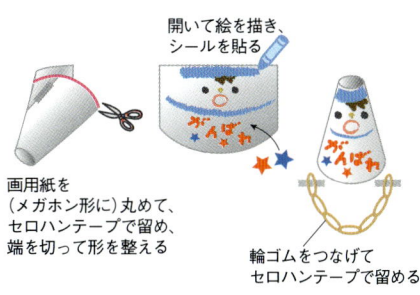

帽子メガホン

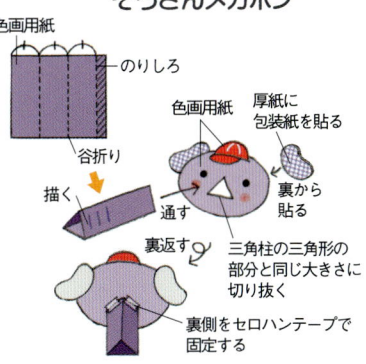

ぞうさんメガホン

応援グッズ
ポンポン

このコーナーの型紙はP69です

リングリンリンポンポン
輪の部分を手で握れる、持ちやすさが魅力。
鈴を付けて、音も楽しみます。
案・製作／あかまあきこ

材料 セロハンテープの芯、スズランテープ、鈴、ひも、ビニールテープ

ツートンポンポン
2色づかいが華やかです。キラキラ光る星を散りばめて、楽しさアップ！
案・製作／ピンクパールプランニング

材料 スズランテープ、鈴、カラー工作用紙、段ボール板

キラキラポンポン
スズランテープを透明なポリ袋に入れるだけ！
簡単なので小さな子でも作れます。
案・製作／山下味希恵

材料 ポリ袋（OPP袋）、スズランテープ、鈴、スパンコール、ビニールテープ

作り方

キラキラポンポン
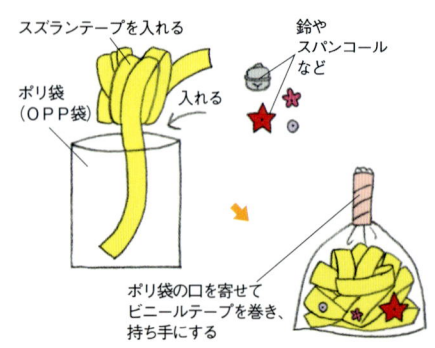
- スズランテープを入れる
- ポリ袋（OPP袋）
- 入れる
- 鈴やスパンコールなど
- ポリ袋の口を寄せてビニールテープを巻き、持ち手にする

ツートンポンポン
- スズランテープ
- スズランテープを通して結ぶ
- 切る
- 1色を30回巻いた上に、もう1色を重ねて同じ回数巻く
- 段ボール板など
- スズランテープを三つ編みにする
- 結び目の上に結び付ける
- 裂いた1本に鈴を結ぶ
- カラー工作用紙
- 貼る
- 鈴

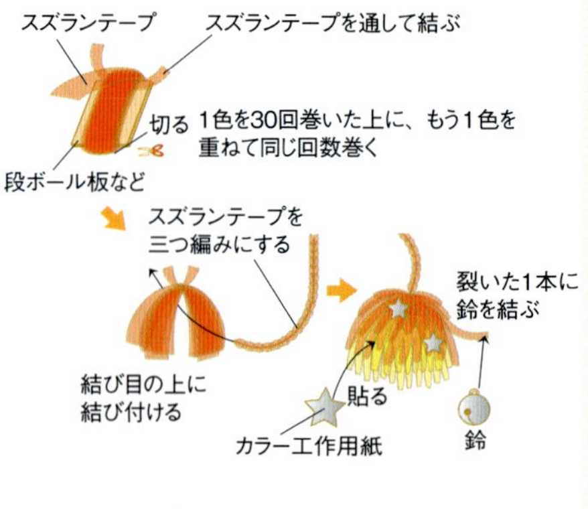

リングリンリンポンポン
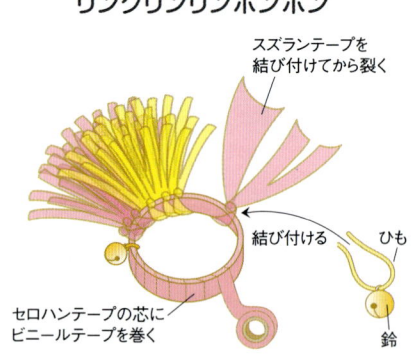
- スズランテープを結び付けてから裂く
- 結び付ける
- ひも
- 鈴
- セロハンテープの芯にビニールテープを巻く

材料
スズランテープ、トイレットペーパーの芯、ビニールテープ、鈴、モール

しましまポンポン
手で持ちやすい、バトン風の形がポイント。カラフルに仕上げましょう。
案・製作／いしかわ☆まりこ

材料
ペットボトル、包装紙、鈴、ビーズ、スズランテープ、色画用紙、片段ボール

にぎやかポンポン
中に入れた鈴やビーズで光と音が楽しめ、応援が、さらに活気づきそうです。
案・製作／丸林佐和子

にぎやかポンポン

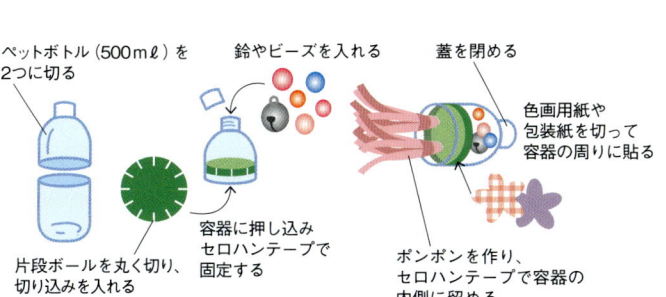

- ペットボトル（500mℓ）を2つに切る
- 片段ボールを丸く切り、切り込みを入れる
- 鈴やビーズを入れる
- 容器に押し込みセロハンテープで固定する
- 蓋を閉める
- ポンポンを作り、セロハンテープで容器の内側に留める
- 色画用紙や包装紙を切って容器の周りに貼る

しましまポンポン

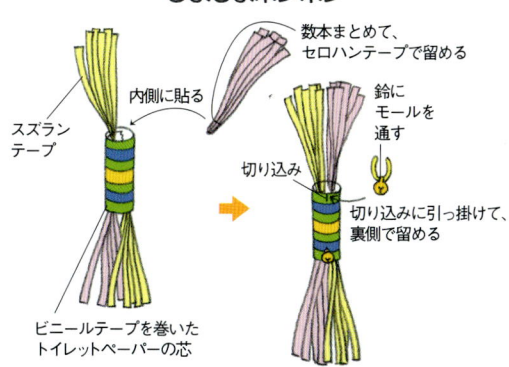

- スズランテープ
- ビニールテープを巻いたトイレットペーパーの芯
- 内側に貼る
- 数本まとめて、セロハンテープで留める
- 鈴にモールを通す
- 切り込み
- 切り込みに引っ掛けて、裏側で留める

応援グッズ 小旗

このコーナーの型紙は **P70** です

お絵描き小旗
色画用紙を切って丸めるだけ。絵を描いて、オリジナルのマイ小旗に！
案・製作／いしかわ☆まりこ

材料 色画用紙、ビニールテープ

がんばって〜！

ヒラヒラバタフライ
ちょうちょのように、ヒラヒラと揺れます。キラキラ装飾で気持ちもアップ！
案・製作／いしかわ☆まりこ

材料 色画用紙、割り箸、丸シール、シール、キラキラしたシール、モール、ビニールテープ

作り方

ヒラヒラバタフライ

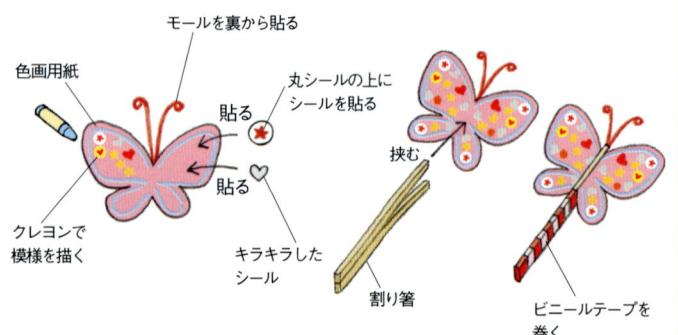

お絵描き小旗

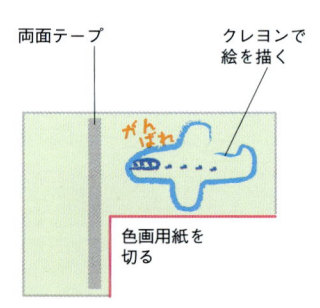
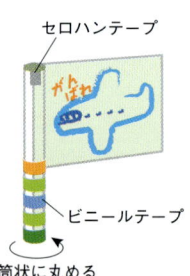

クマ
ぐみ
ファイト！
ほし
ぐみ
がんばれ

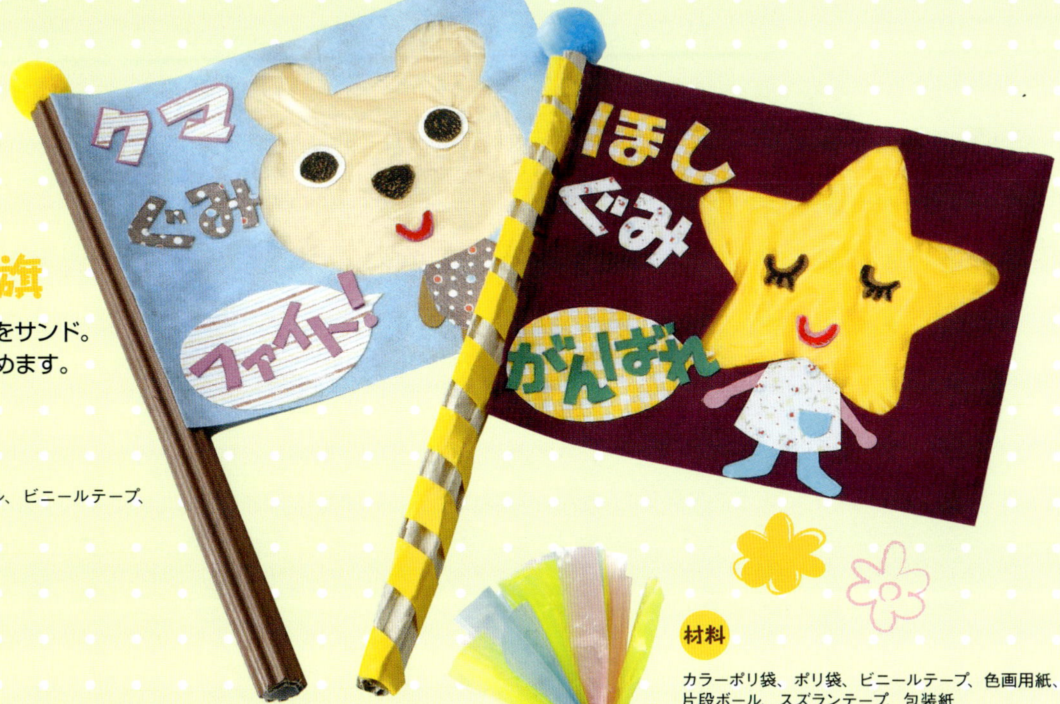

スケルトン小旗

不織布の中にカラーポリ袋をサンド。
形と色の組み合わせが楽しめます。

案・製作／丸林佐和子

材料

不織布、カラーポリ袋、片段ボール、ビニールテープ、色画用紙、包装紙、ボンテン

がんばれ

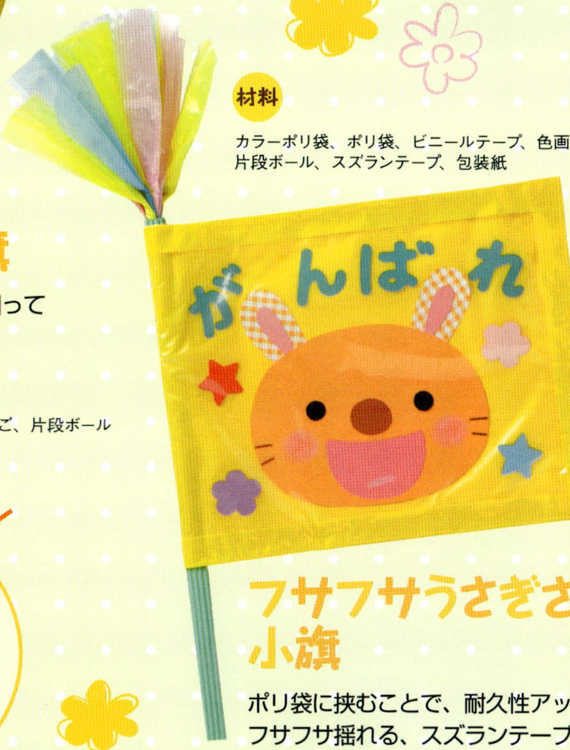

材料

カラーポリ袋、ポリ袋、ビニールテープ、色画用紙、片段ボール、スズランテープ、包装紙

クルクル小旗

旗を振ると、クルクルと回って
絵柄の変化が楽しめます。

案・製作／あかまあきこ

材料 色画用紙、ストロー、竹ひご、片段ボール

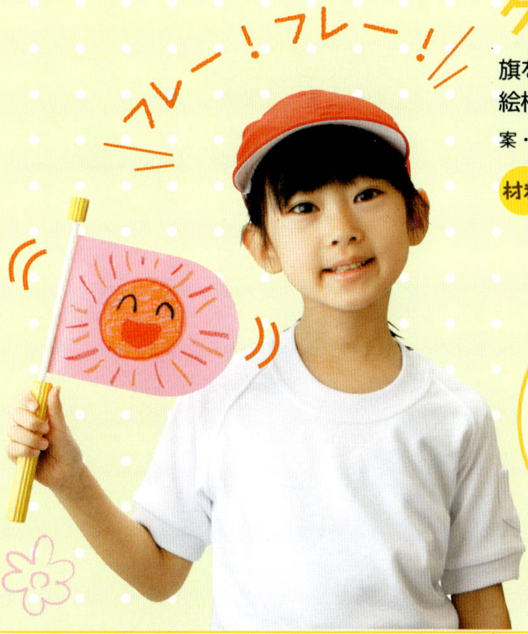

フレー！フレー！

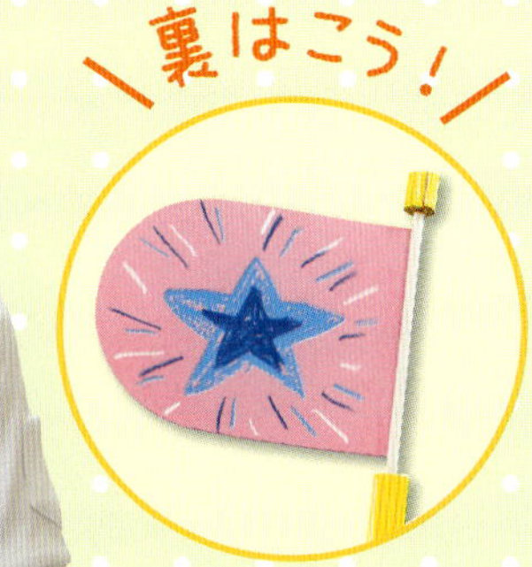

裏はこう！

フサフサうさぎさん小旗

ポリ袋に挟むことで、耐久性アップ！
フサフサ揺れる、スズランテープもポイントです。

案・製作／いとう・なつこ

クルクル小旗

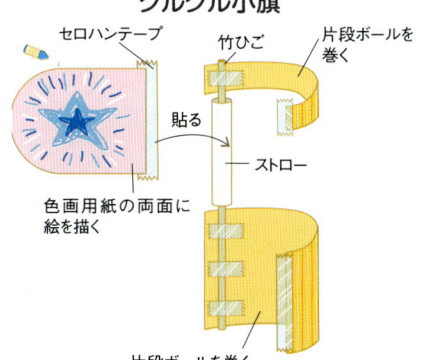

セロハンテープ
竹ひご
片段ボールを巻く
貼る
ストロー
色画用紙の両面に絵を描く
片段ボールを巻く

フサフサうさぎさん小旗

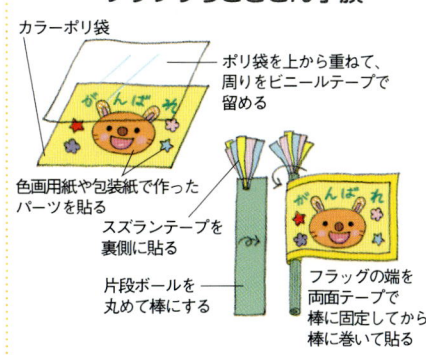

カラーポリ袋
ポリ袋を上から重ねて、周りをビニールテープで留める
色画用紙や包装紙で作ったパーツを貼る
スズランテープを裏側に貼る
片段ボールを丸めて棒にする
フラッグの端を両面テープで棒に固定してから、棒に巻いて貼る

スケルトン小旗

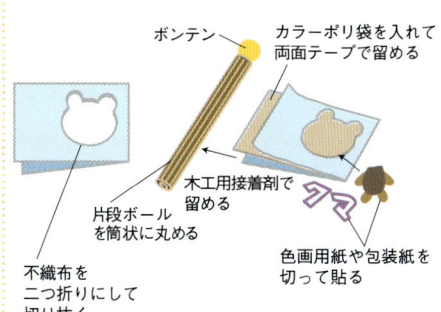

ボンテン
カラーポリ袋を入れて両面テープで留める
木工用接着剤で留める
片段ボールを筒状に丸める
不織布を二つ折りにして切り抜く
色画用紙や包装紙を切って貼る

応援グッズ
音が鳴るグッズ

このコーナーの型紙は **P71** です

ライオンタンバリン
振ってもたたいても楽しい！
ふさふさ揺れるたてがみがポイントです。
案・製作／山下味希恵

材料
紙皿、スズランテープ、鈴やボタンなど、画用紙

ぶたさんリンリンスティック
かわいらしさ満点！　目立つこと間違いなしです。
案・製作／いとう・なつこ

材料
色画用紙、お花紙、鈴、リボン、片段ボール、包装紙、厚紙

くまとパンダの変身うちわ
たくさん付いた鈴がリンリンと鳴るうちわは、
片面がくまさんで、もう片面がパンダ！
案・製作／いしかわ☆まりこ

材料
うちわ、色画用紙、画用紙、鈴、モール、丸シール

裏はこう！

作り方

ぶたさんリンリンスティック
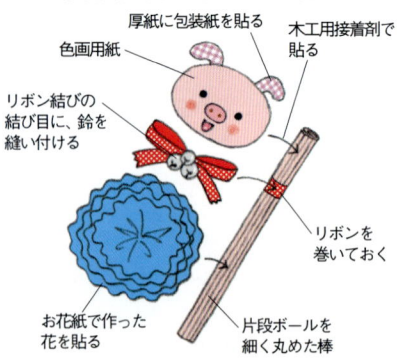
- 厚紙に包装紙を貼る
- 木工用接着剤で貼る
- 色画用紙
- リボン結びの結び目に、鈴を縫い付ける
- リボンを巻いておく
- お花紙で作った花を貼る
- 片段ボールを細く丸めた棒

くまとパンダの変身うちわ

- うちわに色画用紙で作ったクマの顔を貼る
- 色画用紙
- 画用紙
- 丸シール
- 裏面に貼る
- 丸シール
- モールに鈴を通しながら、うちわの骨に通す

ライオンタンバリン
- 裏に絵の具で色を塗った紙皿
- 鈴やボタンを中に入れる
- スズランテープ
- 貼る
- 裏に絵の具で色を塗った紙皿（裏を上にする）
- 上から蓋をするように、木工用接着剤で斜線部分を貼り合わせる
- スズランテープを裂く
- 画用紙に顔のパーツを描き、切って貼る

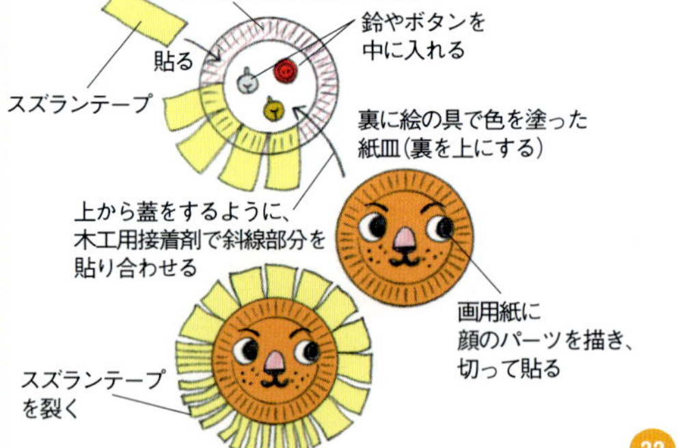

演技グッズ バトン

このコーナーの 型紙は **P71** です

材料 ラップフィルムの芯、キラキラしたテープ、キラキラしたモール、鈴

キラリンバトン

キラキラ素材がいっぱいのバトンは鈴付き。
走る子どもたちを鈴の音も応援してくれます。

案・製作／尾田芳子

ヒラヒラバトン

スタンダードなバトンにひとくふう。
キラキラしたテープが、走るたびに風に
なびきます。

案・製作／いしかわ☆まりこ

材料 片段ボール、キラキラしたテープ

\ハイ！ バトン！／

ヒラヒラバトン

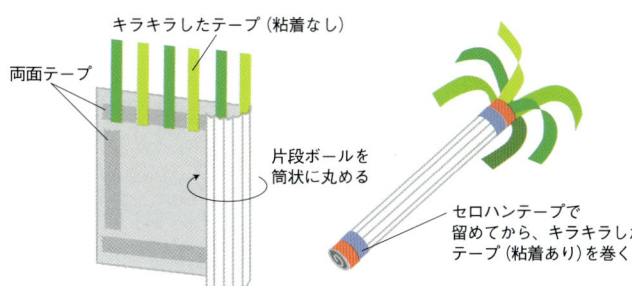

両面テープ / キラキラしたテープ（粘着なし） / 片段ボールを筒状に丸める / セロハンテープで留めてから、キラキラしたテープ（粘着あり）を巻く

キラリンバトン

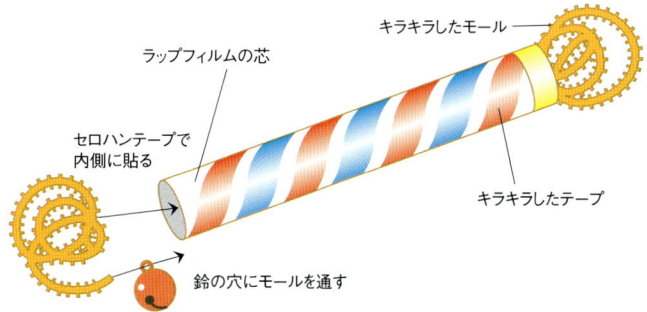

キラキラしたモール / ラップフィルムの芯 / セロハンテープで内側に貼る / キラキラしたテープ / 鈴の穴にモールを通す

33

カラカラボトルバトン

走ると、中のビーズがカラカラとかわいい音を立てます。

案・製作／山下きみよ

材料 トイレットペーパーの芯、乳酸菌飲料などの空き容器、ビーズ、色画用紙、ビニールテープ

にっこり笑顔バトン

紅白帽をかぶった顔がポイント。持ち手もしっかりしていて耐久性もバッチリ！

案・製作／いしかわ☆まりこ

材料 ペットボトル（280ml）、紙コップ、アルミホイル、ラップフィルムの芯、ビニールテープ

ふんわりバトン

カラフルなテープをのり巻きのように巻いた、ふんわり持ちやすい軽さです。

案・製作／山下きみよ

材料 エアーパッキング、キラキラしたテープ、ビニールテープ

ふんわりバトン

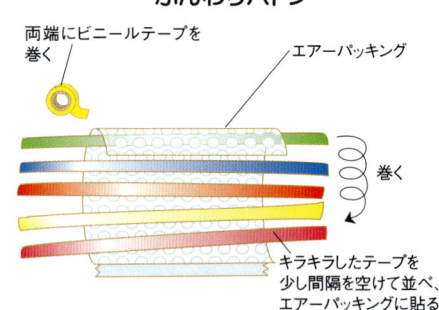

にっこり笑顔バトン

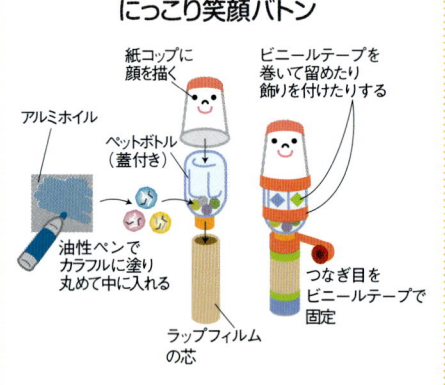

カラカラボトルバトン

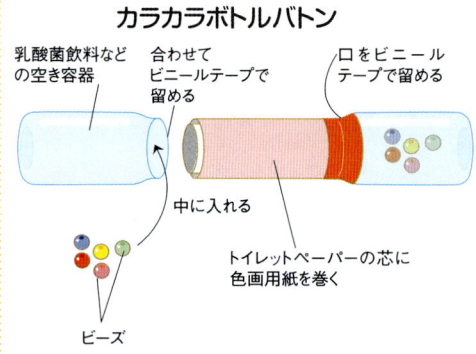

ホースバトン

子どもが持ちやすい輪っかタイプ。
中に鈴を入れて、音も楽しめます。

案・製作／中川真由子

材料 半透明のホース、スパンコール、ビーズ、鈴、ビニールテープ、発泡スチロール

クルクル回るよ！

風車バトン

持って走ると、風車がクルクルと回り、
走るのがもっと楽しくなります。

案・製作／山下きみよ

材料 ラップフィルムの芯、色画用紙、ストロー、つまようじ、工作用紙

風車バトン

〈羽根〉
色画用紙
貼る
穴を開ける

切り込みを入れて同じ方向に折り、風車の羽根を作る

穴を開ける
色画用紙
貼る

穴を開けた工作用紙を羽根と筒の間に挟む

ラップフィルムの芯に色画用紙を巻く

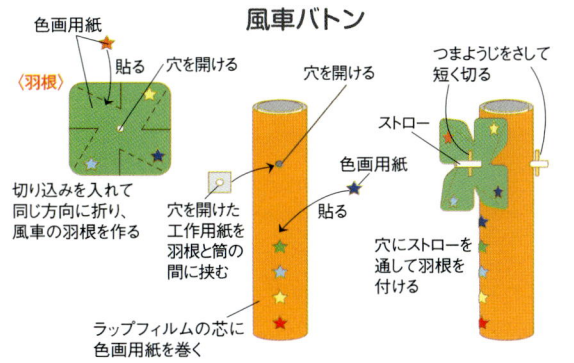

つまようじをさして短く切る
ストロー

穴にストローを通して羽根を付ける

ホースバトン

半透明のホース（長さ55cmくらい）

中にビーズや鈴、スパンコールなどを入れる

ビニールテープを巻く

※ホースのつなぎ目に発泡スチロールを入れると、はずれにくくなります。

演技グッズ

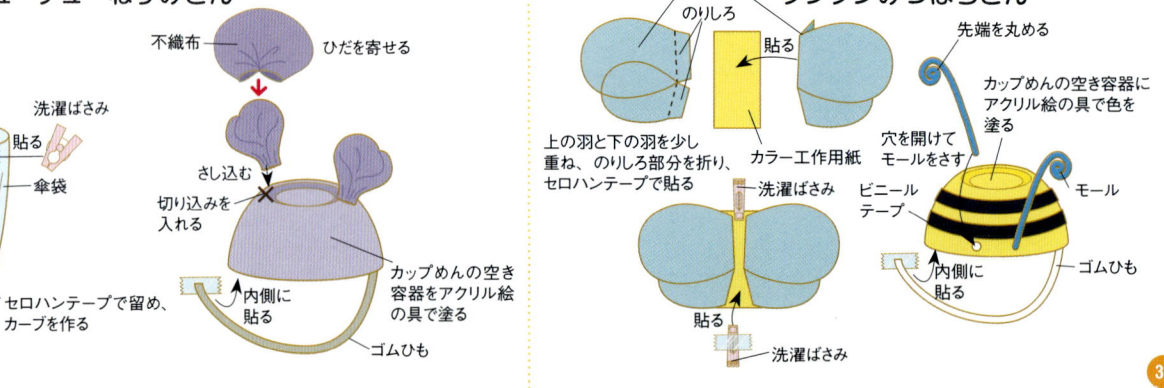

コスチューム

このコーナーの型紙はP72～P73です

ブンブン
後ろ姿はこんな感じ！
洗濯ばさみで留めるだけ！

ブンブンみつばちさん

羽と帽子を付けるだけで、かわいいみつばちに変身！
色を変えれば、ちょうちょうにも。

案・製作／山下きみよ

材料 カップめんの空き容器、モール、ビニールテープ、色画用紙、洗濯ばさみ、カラー工作用紙、ゴムひも

アレンジ 帽子を赤く、羽のデザインを変えれば、ちょうちょうに！

アレンジ 黄色い帽子と、黄色と茶色のシマシマしっぽで、子ねこに！

チューチュー

チューチューねずみさん

かわいい耳としっぽがポイント！
色を変えると、子ねこにもなります。

案・製作／山下きみよ

材料 カップめんの空き容器、不織布、ゴムひも、傘袋、洗濯ばさみ、お花紙

作り方

チューチューねずみさん

- お花紙を丸める → 中に入れる
- 洗濯ばさみ
- 貼る
- 傘袋
- セロハンテープで留め、カーブを作る
- 不織布 / ひだを寄せる
- さし込む
- 切り込みを入れる
- カップめんの空き容器をアクリル絵の具で塗る
- 内側に貼る
- ゴムひも

ブンブンみつばちさん

- 色画用紙
- のりしろ
- 貼る
- カラー工作用紙
- 上の羽と下の羽を少し重ね、のりしろ部分を折り、セロハンテープで貼る
- 洗濯ばさみ
- 貼る
- 洗濯ばさみ
- 先端を丸める
- カップめんの空き容器にアクリル絵の具で色を塗る
- 穴を開けてモールをさす
- ビニールテープ
- モール
- 内側に貼る
- ゴムひも

キラキラエンジェル

太めのキラキラモールと大きな翼で、
キュートさ倍増です。

案・製作／尾田芳子

材料
キラキラしたモール、画用紙、
不織布、段ボール板、ゴムひも

後ろ姿も、かわいい！

お花の妖精

かわいい妖精たちがいっぱいの園庭は、
お花畑のように見えるはず。

案・製作／尾田芳子

材料
お花紙、色画用紙、不織布、
ゴムひも、輪ゴム

お花の妖精

- お花紙で作った花
- 色画用紙
- 中心に貼る
- 輪ゴム
- 端を折り、ホッチキスで留める
- 色画用紙
- 貼る
- ゴムひも
- 不織布
- ゴムひもを挟んで端を折り、セロハンテープで留める
- お花紙で作った花
- 輪ゴムを付ける

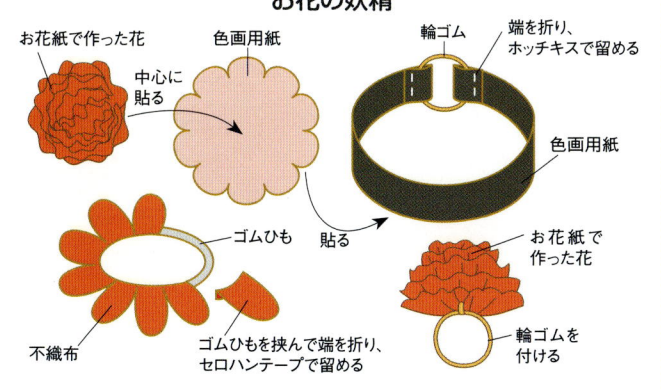

キラキラエンジェル

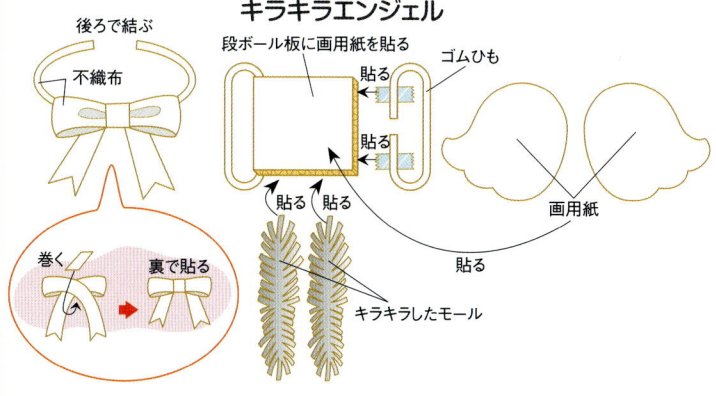

- 後ろで結ぶ
- 不織布
- 段ボール板に画用紙を貼る
- 貼る
- ゴムひも
- 貼る
- 巻く
- 裏で貼る
- 貼る　貼る
- キラキラしたモール
- 貼る
- 画用紙

わんぱく海賊団！

剣のマークが付いた大きな帽子がポイント！
かっこいい海賊になりきりましょう。

案・製作／まーぶる

きまってるでしょう！

材料
〈帽子〉色画用紙、画用紙、輪ゴム
〈服〉不織布、キラキラしたテープ
〈ベルト〉不織布
〈腕輪〉トイレットペーパーの芯、色画用紙、キラキラしたテープ

ラブリー南国風少女

ふわふわスカートに大きな花輪で、気分はすっかりハワイアン！

案・製作／まーぶる

上手に踊れるよ！

材料
〈髪飾り〉カチューシャ、カラーポリ袋、モール
〈首飾り〉色画用紙、ビーズ、ストロー、たこ糸
〈腕飾り〉カラーポリ袋、ヘアゴム、モール
〈スカート〉スズランテープ、キラキラしたテープ、平ゴム

作り方

わんぱく海賊団！

〈帽子〉色画用紙／縁同士を貼り合わせる／ホッチキスで留める／輪ゴム／貼る／画用紙／色画用紙
〈服〉不織布／山折り／キラキラしたテープを貼る／切り取る／ホッチキスで留める／キラキラしたテープを貼る
〈腕輪〉色画用紙を貼る／トイレットペーパーの芯を輪切りにして、切れ目を入れる
〈ベルト〉不織布を二つ折りにする

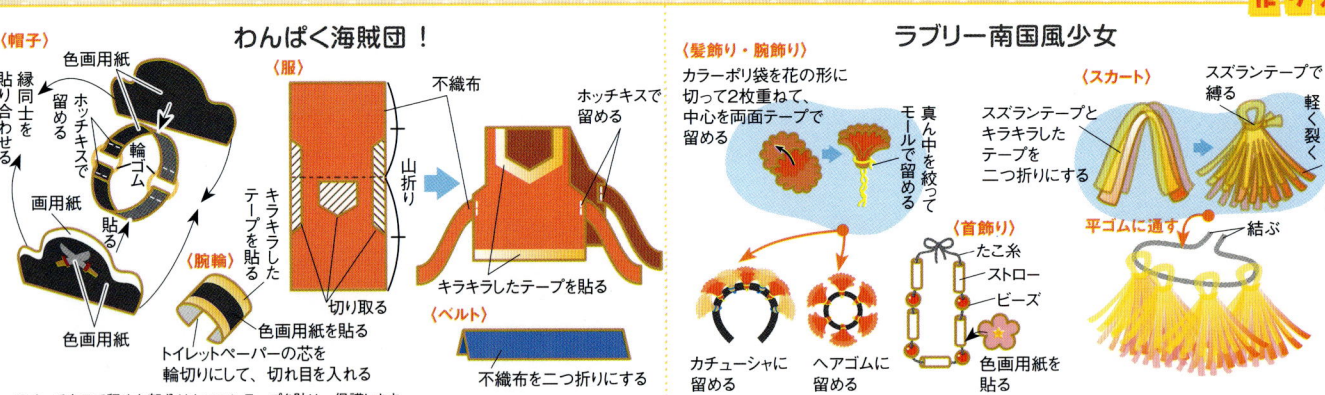

※ホッチキスで留めた部分はセロハンテープを貼り、保護します。

ラブリー南国風少女

〈髪飾り・腕飾り〉カラーポリ袋を花の形に切って2枚重ねて、中心を両面テープで留める／真ん中を絞ってモールで留める／カチューシャに留める／ヘアゴムに留める

〈首飾り〉たこ糸／ストロー／ビーズ／色画用紙を貼る

〈スカート〉スズランテープとキラキラしたテープを二つ折りにする／スズランテープで縛る／スズランテープは軽く裂く／平ゴムに通す／結ぶ

宇宙まで飛んで行くよ！

ヒラヒラ星の精

動くたびに、裾の星がヒラヒラと揺れるのがかわいい！

案・製作／まーぷる

材料 カラーポリ袋、キラキラしたテープ、色画用紙、リボン

後ろ姿も、バッチリ！

空飛ぶスーパーヒーロー

風になびくマントは、男の子の憧れです。

案・製作／まーぷる

材料
〈アンテナ〉色画用紙、アルミホイル、モール、カラーポリ袋、綿、厚紙、輪ゴム
〈服〉不織布、キラキラしたテープ
〈マント〉カラーポリ袋
〈ベルト〉色画用紙、キラキラしたテープ、輪ゴム

空飛ぶスーパーヒーロー

〈アンテナ〉
- アルミホイルを丸めて貼る
- ホッチキスで留める
- モール 貼る
- 輪ゴム
- 色画用紙
- 貼る
- 厚紙と綿を入れる

〈服・マント〉
- 「わんぱく海賊団！」と同様に作る
- カラーポリ袋をホッチキスで留める
- カラーポリ袋で包む
- 少しひだを寄せる
- 背中側

〈ベルト〉
- ホッチキスで留める
- 輪ゴム
- 色画用紙
- 貼る
- キラキラしたテープを貼る

※ホッチキスで留めた部分はセロハンテープを貼り、保護します。

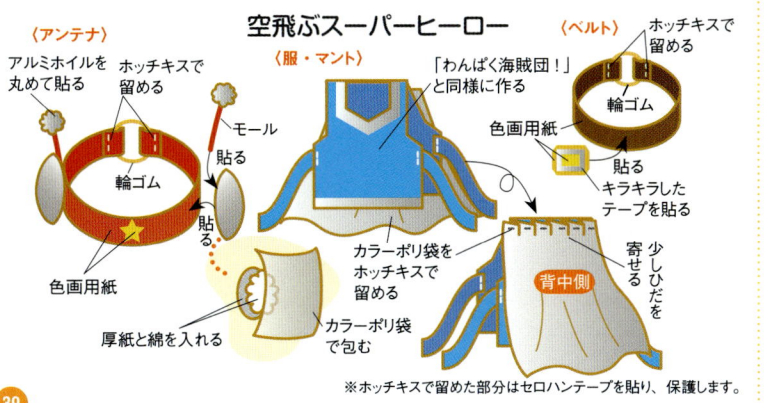

ヒラヒラ星の精

- カラーポリ袋を切り開く
- 切り取る
- 山折り
- キラキラしたテープを貼る
- セロハンテープで留めて袖を作る
- リボンを裏から貼る
- 色画用紙を貼る

がんばったね！の気持ちを込めて メダルカタログ

がんばった子どもたちに贈りたい、キラキラ・ピカピカ、かわいいメダルが大集合！

このコーナーの **型紙はP74〜P78** です

キラキラメダル

ピカピカ、かっこいい！

金のライオンメダル

金色のモールをライオンのたてがみに見立てて。元気な子どもたちにぴったりです。

案・製作／すぎやままさこ

材料 カラー工作用紙、金色のモール、リボン、色画用紙

作り方
- ベースとなるカラー工作用紙
- 金色のモールを渦巻き状にする
- 木工用接着剤で貼る
- リボンを裏側から貼る
- カラー工作用紙
- 貼る
- 色画用紙
- 描く

黄金の王冠メダル

金色の工作用紙で作った王冠は、モールや折り紙で装飾して、キラキラ感をさらにアップ！

案・製作／まーぶる

材料 カラー工作用紙（金・銀）、フェルト、キラキラしたモール、キラキラした折り紙、キルト芯、リボン

作り方
- カラー工作用紙
- 斜線部分を切り抜く
- 重ねて貼る
- カラー工作用紙
- 貼る
- リボンを裏側から貼る
- キラキラした折り紙
- 裏からフェルトを貼る
- キラキラしたモール
- キルト芯
- キラキラした折り紙

40

トロフィーメダル

立体感のあるトロフィーやラインストーンの組み合わせは、がんばった子どもたちへのごほうびに！

案・製作／ユカリンゴ

材料 金色の紙、色画用紙、ラインストーン（シールタイプ）、リボン、厚紙（台紙用）

作り方

- 金色の紙
- 山折り
- 山折り
- 山折り
- 切り込みを入れて、重ねて貼る
- 金色の紙の裏面をなぞり、型を付ける
- 貼る
- 貼る
- トロフィーの形を整えて、台紙に貼る
- 厚紙に色画用紙を貼る
- 色画用紙
- リボンを裏側から貼る
- ラインストーン
- リボンを貼る

キラキラリングメダル

スパンコールとラインストーンで、アクセサリーのようにキラキラ！

案・製作／すぎやままさこ

材料 カラー工作用紙、キラキラしたテープ、キラキラした折り紙、色画用紙、スパンコール、ラインストーン、リボン

作り方

- カラー工作用紙（裏面）
- リボンを輪にして貼る
- カラー工作用紙
- 上から重ねて貼る
- 色画用紙を貼る
- キラキラしたテープを貼る
- リボンを通す
- スパンコール
- 色画用紙
- キラキラした折り紙
- ラインストーンを貼る

定番かわいいメダル

キラリン！ うさぎさんメダル

かわいいうさぎさんの頭上には、ラインストーンをあしらった冠が！

案・製作／さとうゆか

作り方

- 厚紙に金色の折り紙を貼る
- リボンを裏側から貼る
- ラインストーン 貼る
- 貼る
- 色画用紙
- 画用紙

材料 金色の折り紙、色画用紙、画用紙、ラインストーン、リボン、厚紙

ガッツポーズメダル

ゴールした子どもの姿をキラキラ素材が目立たせます。「がんばったね」のコメント付き！

案・製作／ユカリンゴ

材料 色画用紙、画用紙、キラキラしたテープ、キラキラしたモール、厚紙、リボン

作り方

- 厚紙に色画用紙を貼る
- 貼る
- リボンを裏側から貼る
- 色画用紙、画用紙
- キラキラしたテープを貼る
- がんばったね 色画用紙
- 貼る
- キラキラしたモール

エンブレム風メダル

かっこいいエンブレムに、うさぎさんがにっこり！
元気な色を組み合わせましょう。

案・製作／まーぶる

材料 カラー工作用紙（銀）、色画用紙、画用紙、キラキラしたテープ、リボン

作り方
- キラキラしたテープを貼る
- カラー工作用紙
- リボンを裏から貼る
- 貼る
- 色画用紙
- 色画用紙、画用紙を貼る

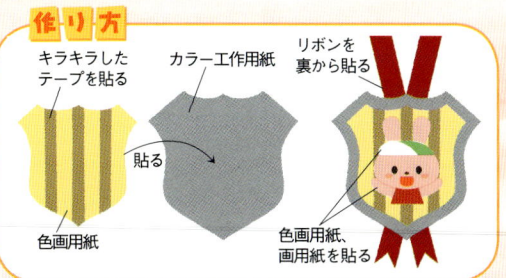

赤い車メダル

子どもたちに人気の車をモチーフに、
かわいいいぬさんを乗せました。

案・製作／さとうゆか

材料 色画用紙、画用紙、厚紙、金色の折り紙、リボン

作り方
- 厚紙に色画用紙を貼る
- リボンを裏側から貼る
- 貼る
- 画用紙
- 金色の折り紙

立体メダル

ぞうさんのスケルトンメダル

プラスチック容器を使った立体感がポイント。
ビーズを入れると、音と動きが楽しめます。

案・製作／すぎやままさこ

材料 カラー工作用紙、プラスチック容器の蓋、色画用紙、キラキラしたモール、ビニールテープ、ビーズ、リボン

作り方

- カラー工作用紙
- 色画用紙
- プラスチック容器の蓋
- ビーズを入れる
- キラキラしたモールを渦巻き状にする
- リボンを裏側から貼る
- ビニールテープ

星のキラキラメダル

金色の星がニッコリ！
運動会らしい華やかなメダルです。

案・製作／よしだみほこ

材料 プラスチック容器の蓋、カラー工作用紙、色画用紙、ビーズ、リボン

作り方

- プラスチック容器の蓋
- カラー工作用紙を蓋の大きさに切る
- 色画用紙
- ビーズを入れる
- セロハンテープで留める
- リボンを裏から貼る
- 〈裏〉

見て、見て！

リンリン花びらメダル

ふんわりとした花びらは、
両面折り紙に切り込みを入れて作ります。

案・製作／まーぶる

材料
両面折り紙、カラー工作用紙、鈴、ひも、ボタン、リボン

作り方
- 両面折り紙
- 四つに折って切り込みを入れる
- ふんわり丸めてのりで留める
- 色違いで2種類作り、ずらして重ねる
- リボン
- セロハンテープ
- 裏に貼る
- カラー工作用紙
- ひも
- 鈴
- 貼る
- ボタン

ふっくらカラフルメダル

キラキラしたテープをぜいたくに使います。
中心部は、カラーポリ袋に綿を詰めて、ふっくらと。

案・製作／山下きみよ

材料
カラーポリ袋、綿、キラキラしたテープ、カラー工作用紙、ビニールテープ、リボン

作り方
- ビニールテープで作った模様
- 貼る
- カラーポリ袋で綿をくるんで留める
- カラーポリ袋
- リボン
- 裏に貼る
- 両面テープで貼る
- カラー工作用紙
- キラキラしたテープ
- ホッチキスで留める

カプセル容器のプレゼントメダル

真っ赤なリボンを結んで、まるでプレゼントのよう！

案・製作／よしだみほこ

材料
カプセル容器、リボン、ビーズ、色画用紙

作り方
- リボン（太）
- 貼る
- リボン（細）を縦・横1周ずつ巻き両面テープで固定
- ビーズや星（※）を中に入れる
- カプセル容器

※立体的な星
- 色画用紙
- 切り込み
- 2枚重ねる

素材いろいろメダル

ビーズとキラキラでかわいい！

クラウンビーズメダル

ビーズで作ったリングの中央には、王冠がキラリ！
案・製作／ピンクパールプランニング

材料 ビーズ、キラキラした折り紙、キラキラしたテープ、モール、厚紙、リボン

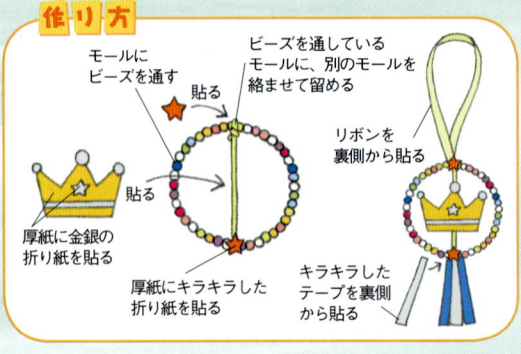

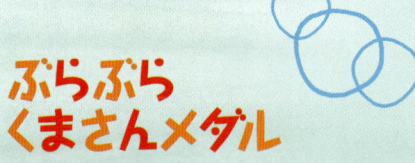

作り方

- モールにビーズを通す
- ビーズを通しているモールに、別のモールを絡ませて留める
- 貼る
- 厚紙に金銀の折り紙を貼る
- 厚紙にキラキラした折り紙を貼る
- リボンを裏側から貼る
- キラキラしたテープを裏側から貼る

ぶらぶらくまさんメダル

綿ロープの手足が、ぶらぶら動くのが楽しい！
案・製作／ピンクパールプランニング

材料 色画用紙、画用紙、厚紙、綿ロープ、ウッドビーズ、リボン

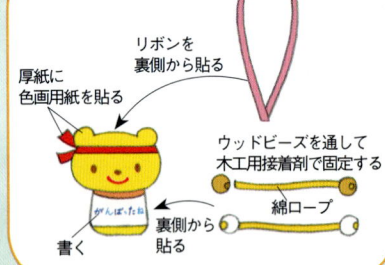

作り方

- リボンを裏側から貼る
- 厚紙に色画用紙を貼る
- ウッドビーズを通して木工用接着剤で固定する
- 綿ロープ
- 書く
- 裏側から貼る

紙皿思い出メダル

間に紙を挟む仕組みになっているので、運動会の写真を入れて、飾ってもすてきです。

案・製作／中川真由子

材料
色付きの紙皿、白い紙皿、画用紙、丸シール、ビニールテープ、リボン、シール、絵（写真）

写真を入れると、フォトフレームに！

作り方

〈表〉
- 色付きの紙皿の真ん中を切り抜く
- 白い紙皿を切る
- 丸シールを貼り絵や文字を描く

〈裏〉
- リボンを裏で留める
- 絵や写真を入れる
- 紙皿を2枚重ねてシールで留める

紙コップのお花メダル

キラキラ＆ふんわりのお花メダル。花芯部には、でんぐりシートを貼っています。

案・製作／まーぷる

材料
紙コップ、キラキラしたテープ、丸シール、でんぐりシート、リボン

作り方
- 紙コップ
- リボン
- 切り込みを入れて開く
- 裏に貼る
- 丸シール
- 貼る
- でんぐりシート
- キラキラしたテープを貼り、角を丸く切る

案内グッズ

プログラム

来場者向けのプログラムや会場内の案内図・掲示物も、楽しく、見やすいアイデアを紹介します。

見やすくて、楽しい！

このコーナーの型紙はP78〜P83です

スニーカープログラム

スニーカーがスライドします。立体的なひもがアクセントに。
案・製作／よしだみほこ

材料
色画用紙、画用紙、綿ロープ、モール、鳩目、カラーコピー用紙

作り方
- モールを木工用接着剤で貼る
- 画用紙に文字を書く
- 色画用紙
- カラーコピー用紙
- 色画用紙
- 鳩目で留める
- 綿ロープ
- 穴に綿ロープを通して結ぶ

スライドすると

にこにこバードの応援プログラム

羽を広げると、プログラムが見える仕組みです。
案・製作／まーぶる

材料
色画用紙、画用紙、リボン

プログラム
1. 開会式
2. 体操
3. かけっこ
4. ダンス
5. つなひき
6. 玉入れ
7. 親子リレー
8. 閉会式
おべんとう

日時 2010年10月10日(日)9:30〜
場所 ポット園 園庭
※雨天の場合は11日(月)に順延

開くと

作り方
- 色画用紙に文字を書く
- 谷折り
- 裏返す
- リボンをセロハンテープで貼る
- 色画用紙を少しずらして貼る

紅白大玉転がしプログラム

三つ折りにする順番で、赤・白どちらかの大玉が見えます。

案・製作／まーぶる

材料 色画用紙、画用紙

体操着風プログラム

手軽にできてかわいい！じゃばら折りタイプです。

案・製作／むらかみひとみ

材料 画用紙、色画用紙

折り畳みメガホンプログラム

表紙に子どもの描いた絵を貼ると、運動会への期待感が高まります。

案・製作／あかまあきこ

材料 色画用紙、画用紙、コピー用紙

10月10日(土)
ポット園 運動会

プログラム	
1 入場行進	6 ダンス
2 開会式	7 つなひき
3 体操	8 リレー
4 かけっこ	9 親子ダンス
5 たまいれ	10 閉会式

がんばれ～！

開くとメガホンに！

作り方
コピー用紙／子どもの描いた絵／貼る／のりしろ／貼る／のりしろ部分を折って貼る／色画用紙

かけっこプログラム

中の紙を引くと、表紙の子どもが走るしかけが楽しい！

案・製作／よしだみほこ

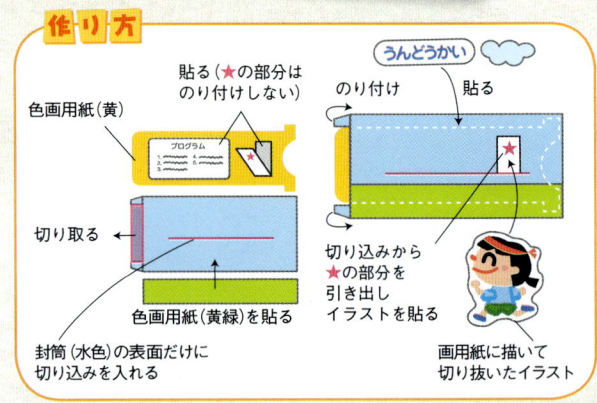

材料 封筒、色画用紙、画用紙

プログラム
1. かいかいしき
2. たいそう
3. かけっこ
4. ダンス
　— おべんとう —
5. つなひき
6. たまいれ
7. おやこリレー
8. へいかいしき

たんぽぽえん うんどうかい
○がつ △にち

引くと

作り方
色画用紙(黄)／貼る（★の部分はのり付けしない）／のり付け／貼る／切り取る／色画用紙(黄緑)を貼る／封筒(水色)の表面だけに切り込みを入れる／切り込みから★の部分を引き出しイラストを貼る／画用紙に描いて切り抜いたイラスト／うんどうかい

50

ぞうさんとねずみさんの
綱引きプログラム

麻ひものリボンをほどくと、綱引きの真っ最中です。

案・製作／むらかみひとみ

開くと

作り方

両面折り紙に文字を書く
山折り
のりしろ
貼る
切り込み
マスキングテープ
穴開けパンチで穴を開け、麻ひもを通して、端を玉結びする
色画用紙
色画用紙
谷折り
色画用紙
画用紙に文字を書いて貼る
色画用紙
マスキングテープ
麻ひもを結ぶ

材料
色画用紙、両面折り紙、麻ひも、画用紙、マスキングテープ

玉転がしの
スライドプログラム

ねずみくんが転がしている大玉が動くタイプ。
手首にかけられるのも便利。

案・製作／よしだみほこ

材料
色画用紙、綿ロープ、鳩目

スライドすると

作り方

3枚重ねて穴を開け鳩目で留める
色画用紙
ねずみは裏に貼る
綿ロープを通して結ぶ
貼る
折ってのり付け

子どもと作る応援旗プログラム

応援グッズの小旗をモチーフにしました。
裏面の絵は、子どもたちが描きます。

案・製作／あかまあきこ

裏側

材料
色画用紙、紙テープ、木の棒（割り箸でも可）、コピー用紙

作り方
- 紙テープを貼る
- 裏に子どもが絵を描く
- コピー用紙
- 色画用紙の端を巻き付ける
- 木の棒（割り箸でも可）

ペンギンくんの応援プログラム

ペンダント式で首から下げて使えます。
プログラムを逆さまに貼るのがポイント。

案・製作／よしだみほこ

首に掛けたまま読める！

材料
色画用紙、カラー工作用紙、リボン、輪ゴム、カラーコピー用紙

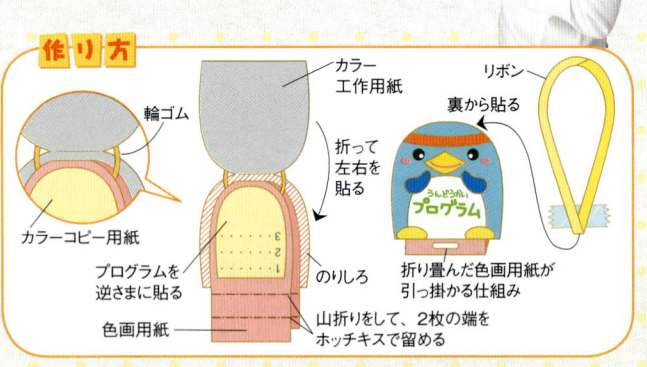

引っ張る

作り方
- 輪ゴム
- カラー工作用紙
- リボン
- 裏から貼る
- 折って左右を貼る
- カラーコピー用紙
- プログラムを逆さまに貼る
- のりしろ
- 色画用紙
- 山折りをして、2枚の端をホッチキスで留める
- 折り畳んだ色画用紙が引っ掛かる仕組み

玉入れ競争プログラム

かごの部分に切り込みを入れて、小さく折り畳めるように作りました。
案・製作／よしだみほこ

材料
画用紙、カラーコピー用紙

開くと

作り方

- 画用紙に水性ペンや色鉛筆で絵を描く
- 山折り
- 谷折り
- カラーコピー用紙
- 貼る
- 切り込みを入れる
- 折った所を切り込み部分に挟む

プログラム
1. 開会式
2. 体操
3. かけっこ
4. ダンス
5. つなひき
6. 玉入れ
7. 親子リレー
8. 閉会式

ポシェット形プログラム

肩から掛けられて、手ぶらになれます。顔を開けば、プログラムが！
案・製作／みつき

材料
色画用紙、コピー用紙、リボン

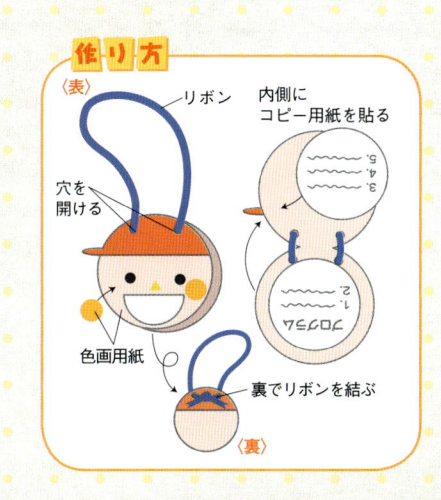

たんぽぽ幼稚園 大運動会
10月10日 土曜日
幼稚園園庭にて

肩に掛けたまま読むので、文字の向きは逆さに貼ります。

作り方

〈表〉
- リボン
- 穴を開ける
- 色画用紙
- 内側にコピー用紙を貼る
- 裏でリボンを結ぶ
〈裏〉

案内グッズ 案内マーク

このコーナーの型紙はP84～P87です

本部
案・製作／まーぶる
材料 段ボール板、色画用紙

案・製作／いとう・なつこ
材料 色画用紙、画用紙、包装紙、厚紙

救護
案・製作／いとう・なつこ
材料 色画用紙、画用紙、モール、包装紙、スズランテープ、厚紙

案・製作／まーぶる
材料 色画用紙、厚紙

トイレ
案・製作／まーぶる
材料 針金ハンガー、色画用紙、片段ボール

案・製作／いとう・なつこ
材料 色画用紙、包装紙、モール、リボン、厚紙

トイレ
- 色画用紙
- 貼る
- 針金ハンガー／色画用紙
- 片段ボール
- 厚紙などに色画用紙を貼る
- 穴にリボンを通す
- 切り抜く
- モールを丸めて貼る
- 包装紙を貼る
- 片段ボールで輪を作り、さるの腕に通して留める
- 色画用紙

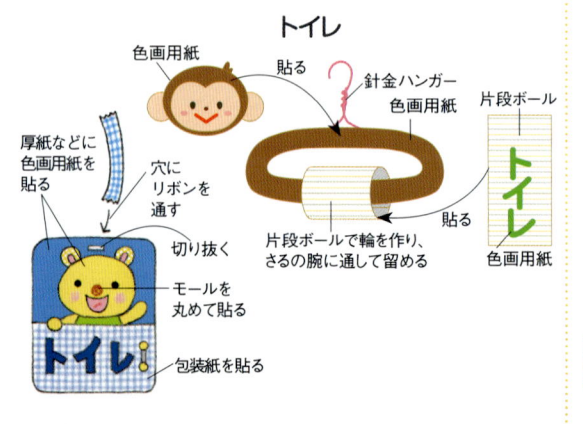

救護
- 厚紙に色画用紙を貼る
- 厚紙に色画用紙を貼る
- 包装紙
- スズランテープ
- モール
- 裏側に貼る
- 貼る
- 厚紙に色画用紙などを貼る

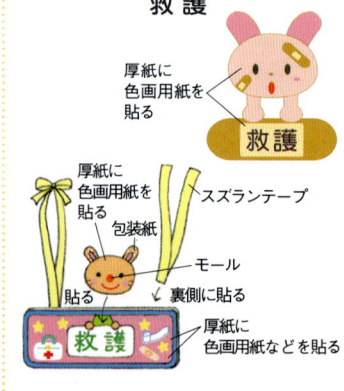

本部
- 厚紙に画用紙を貼る
- 色画用紙を貼る
- クラフトテープで貼る
- 貼る
- 色画用紙
- 厚紙に色画用紙を貼る
- 貼る
- 色画用紙
- 段ボール板を折って立たせる
- 厚紙に色画用紙を貼る
- 色画用紙や包装紙を貼る

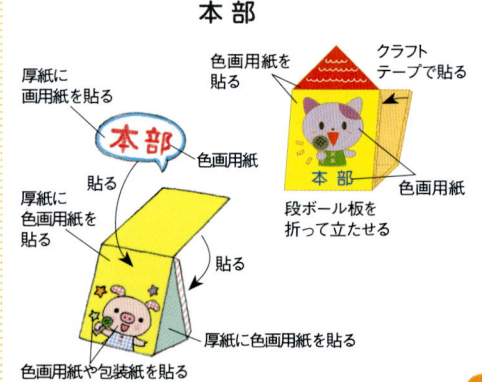

保護者席

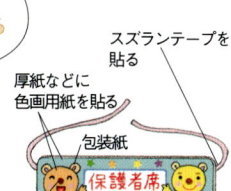

案・製作／まーぶる

材料：三角コーン、色画用紙、厚紙、綿ロープ、ビニールテープ

案・製作／いとう・なつこ

材料：色画用紙、画用紙、モール、包装紙、厚紙、三角コーン、スズランテープ

撮影スポット

案・製作／まーぶる

材料：色画用紙、画用紙、厚紙、旗立て棒、旗立て台

駐車場

案・製作／冬野いちこ

材料：色画用紙、画用紙、厚紙、旗立て棒、旗立て台

材料：色画用紙、画用紙、片段ボール、厚紙、綿ロープ

駐輪場

案・製作／冬野いちこ

材料：色画用紙、ラップフィルムの芯、スズランテープ、厚紙

撮影スポット
色画用紙／貼る／クラフトテープで貼る／両面テープで貼り合わせる／厚紙／旗立て棒／旗立て台

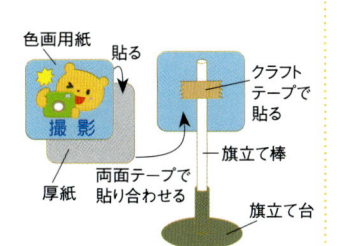

駐輪場
厚紙に色画用紙を貼る／裏返す／ラップフィルムの芯を貼る／スズランテープを通す
※保護者席のように、三角コーンなどに結んで設置します。

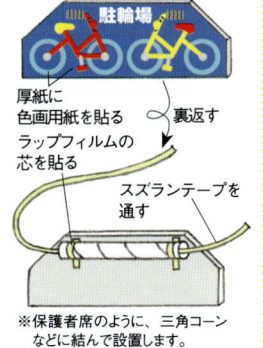

駐車場
厚紙に色画用紙を貼る／裏に貼る／綿ロープ／片段ボール／色画用紙／クラフトテープで裏側を留める／旗立て棒／旗立て台／厚紙などに色画用紙や画用紙を貼る

保護者席
厚紙に色画用紙を貼る／太い綿ロープで三角コーンをつなぐ／ビニールテープ／貼る／色画用紙／スズランテープを貼る／厚紙などに色画用紙を貼る／包装紙／モールを丸めて貼る
〈設置例〉三角コーンなどにスズランテープを結ぶ

55

水飲み場

案・製作／冬野いちこ

材料 色画用紙、画用紙、厚紙、図書フィルム

ごみは持ち帰ってね

案・製作／冬野いちこ

材料 色画用紙、画用紙、厚紙、図書フィルム

はいらないでね

案・製作／冬野いちこ

材料 色画用紙、厚紙、トイレットペーパーの芯、綿ロープ、三角コーン

あそばないでね

案・製作／冬野いちこ

材料 色画用紙、厚紙

あそばないでね
厚紙／色画用紙を貼る／貼る／色画用紙
遊具に手足を巻いて、両面テープで貼り合わせる

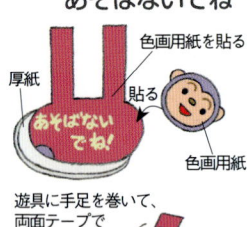

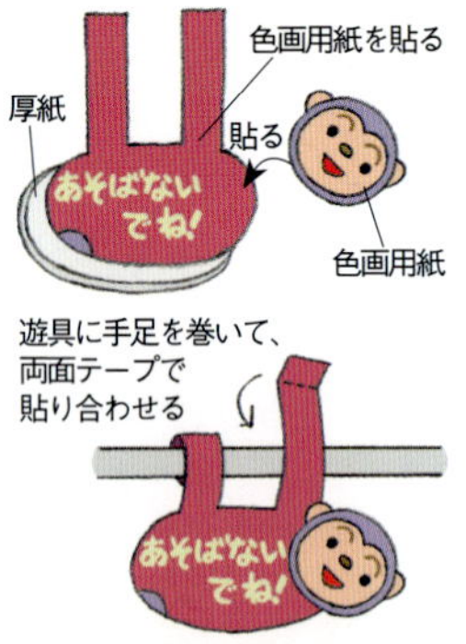

はいらないでね
厚紙に色画用紙を貼る
トイレットペーパーの芯を貼る
裏返す
綿ロープを通して、三角コーンの穴に入れ、中で留める

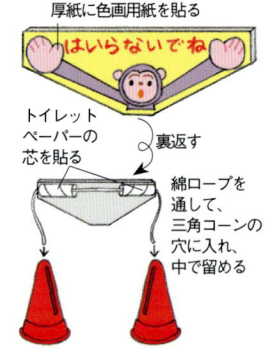

水飲み場
厚紙に色画用紙を貼り、上から図書フィルムを貼る

ごみは持ち帰ってね
厚紙に色画用紙や画用紙を貼り、上から図書フィルムを貼る

コピー用型紙集

型紙はP00 のマークが付いているアイテムの型紙コーナーです。
必要な大きさにコピーしてご利用ください。

P4~5 入退場門のアイデア
みんながんばれ！ フレーフレーアーチ

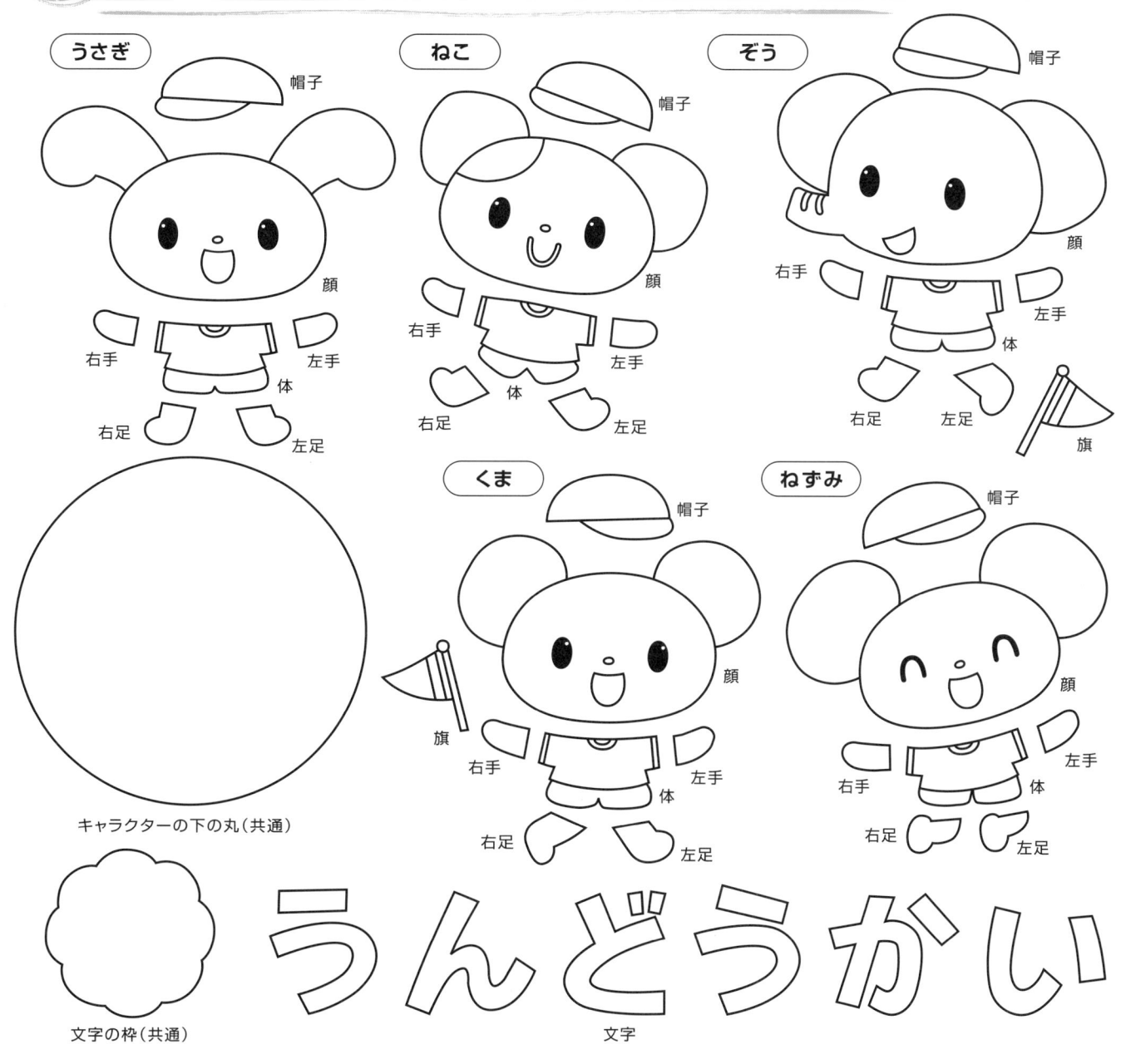

うさぎ — 帽子／顔／右手／左手／体／右足／左足

ねこ — 帽子／顔／右手／左手／体／右足／左足

ぞう — 帽子／顔／右手／左手／体／右足／左足／旗

くま — 帽子／顔／右手／左手／体／右足／左足／旗

ねずみ — 帽子／顔／右手／左手／体／右足／左足

キャラクターの下の丸（共通）

文字の枠（共通）

文字： うんどうかい

このメッセージが見えるまで開くときれいにコピーすることができます。

入退場門のアイデア

P6 ピカピカお日様　にっこりアーチ

鳥①
※反対向きの鳥は、反転コピーをしてください。

鳥②

音符
※大きさの違う音符は、拡大コピーをしてください。

くま
顔　右手　左手
くまの気球

いぬ
顔　右手　左手
いぬの気球

雲①
雲②
雲③
雲④

太陽

文字

旗（共通）　‐‐‐‐ 山折り

このメッセージが見えるまで開くときれいにコピーすることができます。

P7 入退場門のアイデア
ふんわり華やかフローラルアーチ

うんどうかい

文字

文字の枠（共通）　　花　　葉

いぬ　　くま　　うさぎ

帽子（共通）　　ねこ　　ぶた

このメッセージが見えるまで開くときれいにコピーすることができます。

P8~9 りんごがいっぱい！ 秋色アーチ

入退場門のアイデア

- う
- ん
- ど
- う
- か
- い

りんごと文字

花
※大きい花は、拡大コピーをしてください。

小鳥
- 顔
- 帽子
- 右羽
- 体
- 左羽

ねこ
- 帽子
- 顔
- 右手
- 体
- 左手
- 右足
- 左足

りす
- 帽子
- 顔
- 右手
- 体
- 左手
- 尾
- りんご

うさぎ
- 帽子
- 顔
- 右手
- 体
- 左手
- 右足
- 左足

このメッセージが見えるまで開くときれいにコピーすることができます。

60

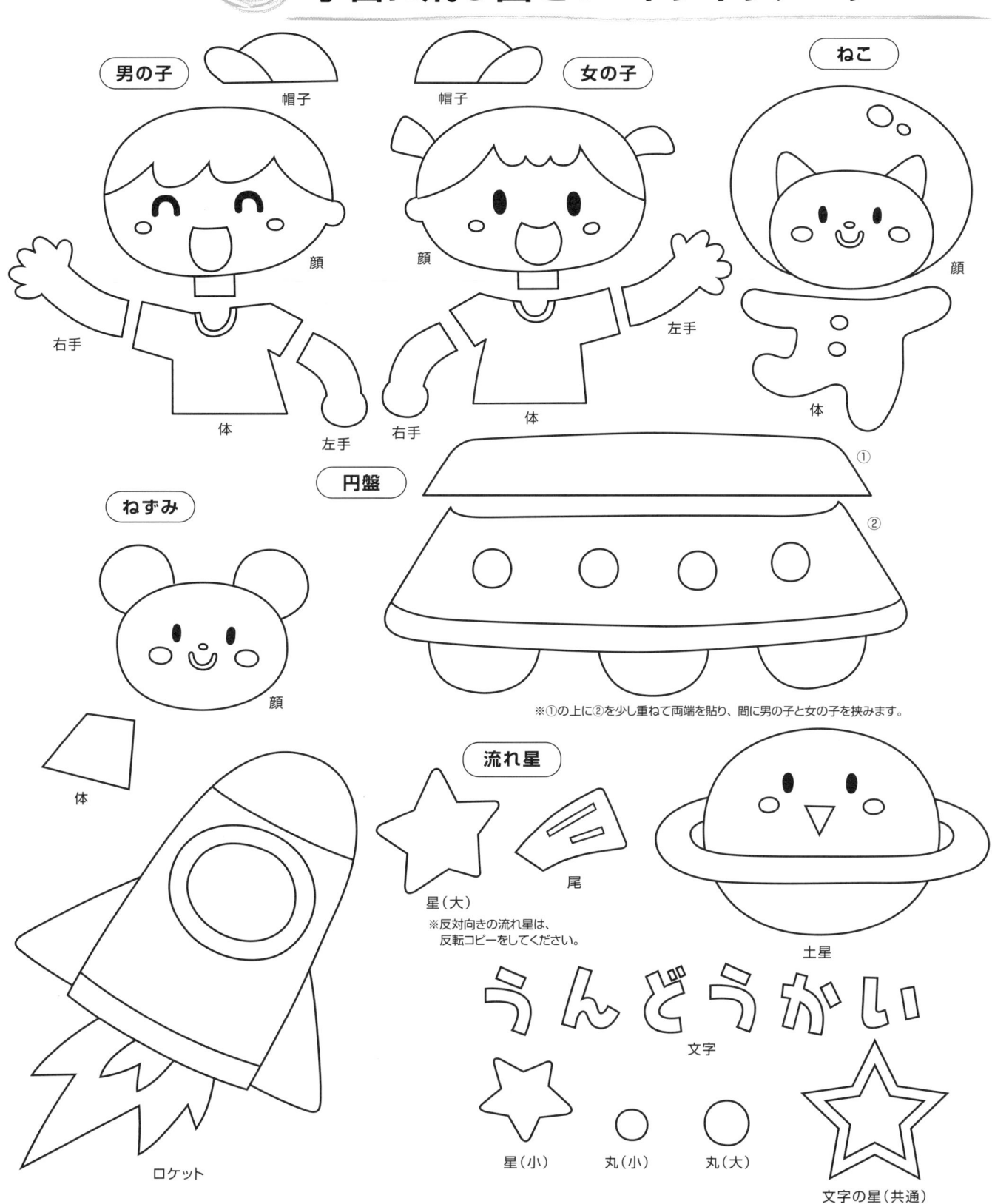

P10 入退場門のアイデア
宇宙に飛び出せ！ キラキラアーチ

男の子　帽子　顔　右手　体　左手

女の子　帽子　顔　右手　体　左手

ねこ　顔　体

ねずみ　顔

円盤　①　②

※①の上に②を少し重ねて両端を貼り、間に男の子と女の子を挟みます。

体

ロケット

流れ星　星(大)　尾
※反対向きの流れ星は、反転コピーをしてください。

土星

うんどうかい
文字

星(小)　丸(小)　丸(大)　文字の星(共通)

このメッセージが見えるまで開くときれいにコピーすることができます。

61

入退場門のアイデア

P11　くまさんも応援！　バルーンアーチ

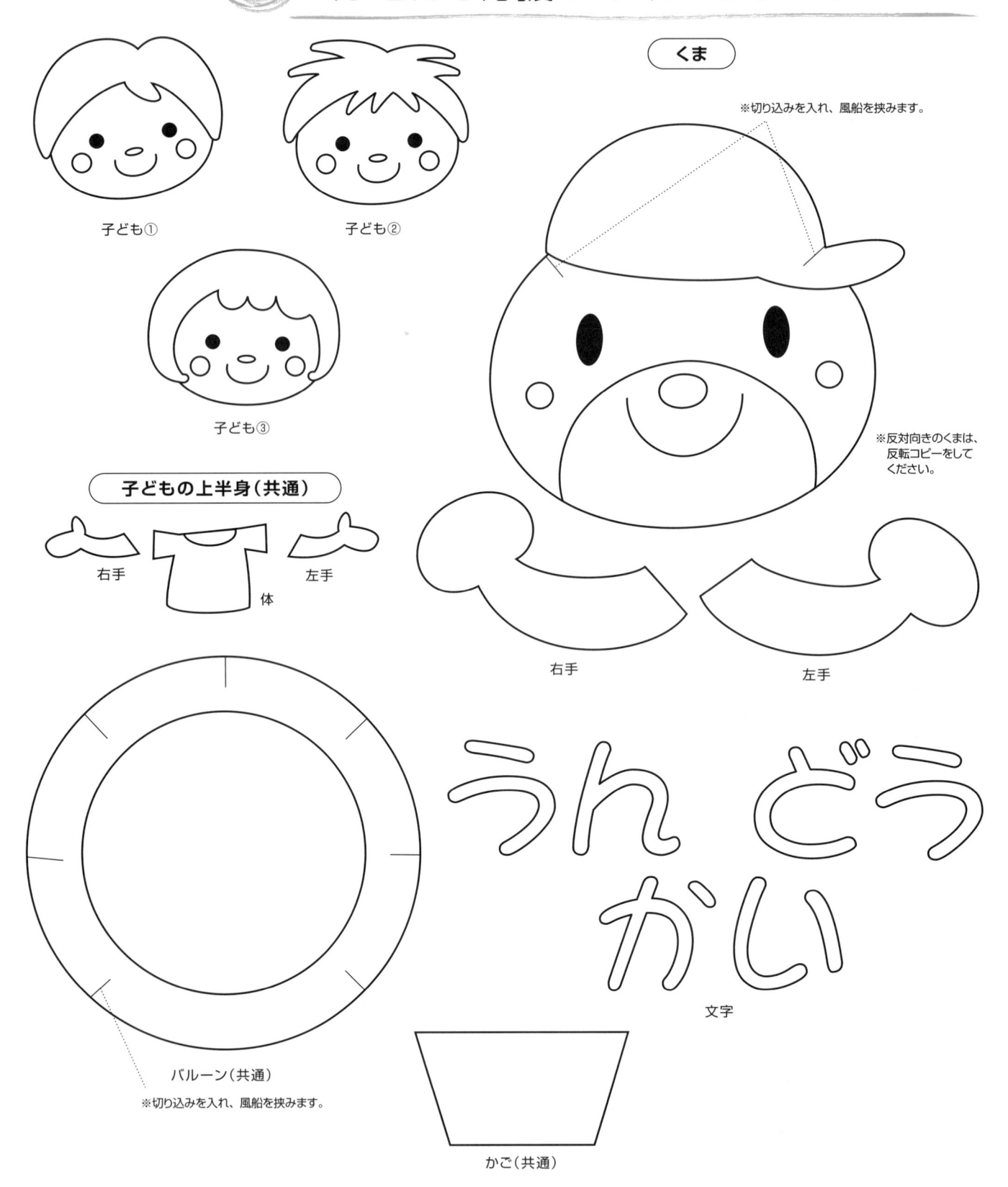

子ども①

子ども②

子ども③

くま

※切り込みを入れ、風船を挟みます。

※反対向きのくまは、反転コピーをしてください。

右手　左手

子どもの上半身（共通）

右手　体　左手

バルーン（共通）

※切り込みを入れ、風船を挟みます。

うんどうかい

文字

かご（共通）

このメッセージが見えるまで開くときれいにコピーすることができます。

入退場門のアイデア
P12 ゆかいなロボット形ゲート

うんどうかい

文字

旗（共通）

ロボットのメーター（小）

ロボットのメーター（大）

入退場門のアイデア
P13 カラフルアニマルゲート

いぬの帽子

いぬ

うさぎの帽子

うさぎ

花

※反対向きの旗は、反転コピーをしてください。

のりしろ

旗

ぞうの帽子

ぞう

------- 谷折り
-・-・- 山折り

くま（表）

くま（裏）

3 4
5 6
数字

星

※大きな星は、拡大コピーをしてください。

※もう1つのキャラクターは、反転コピーをしてください。

うんどうかい

文字　※文字は、他のキャラクターの120％に拡大コピーをしてください。

このメッセージが見えるまで開くときれいにコピーすることができます。

入退場門のアイデア
P14 紅白ロボットゲート

胸のメーター①　胸のメーター②

（巻く部分）

旗（共通）

うんどうかい がんばろう！

文字①　文字②

入退場門のアイデア
P15 キラキラ宇宙ゲート

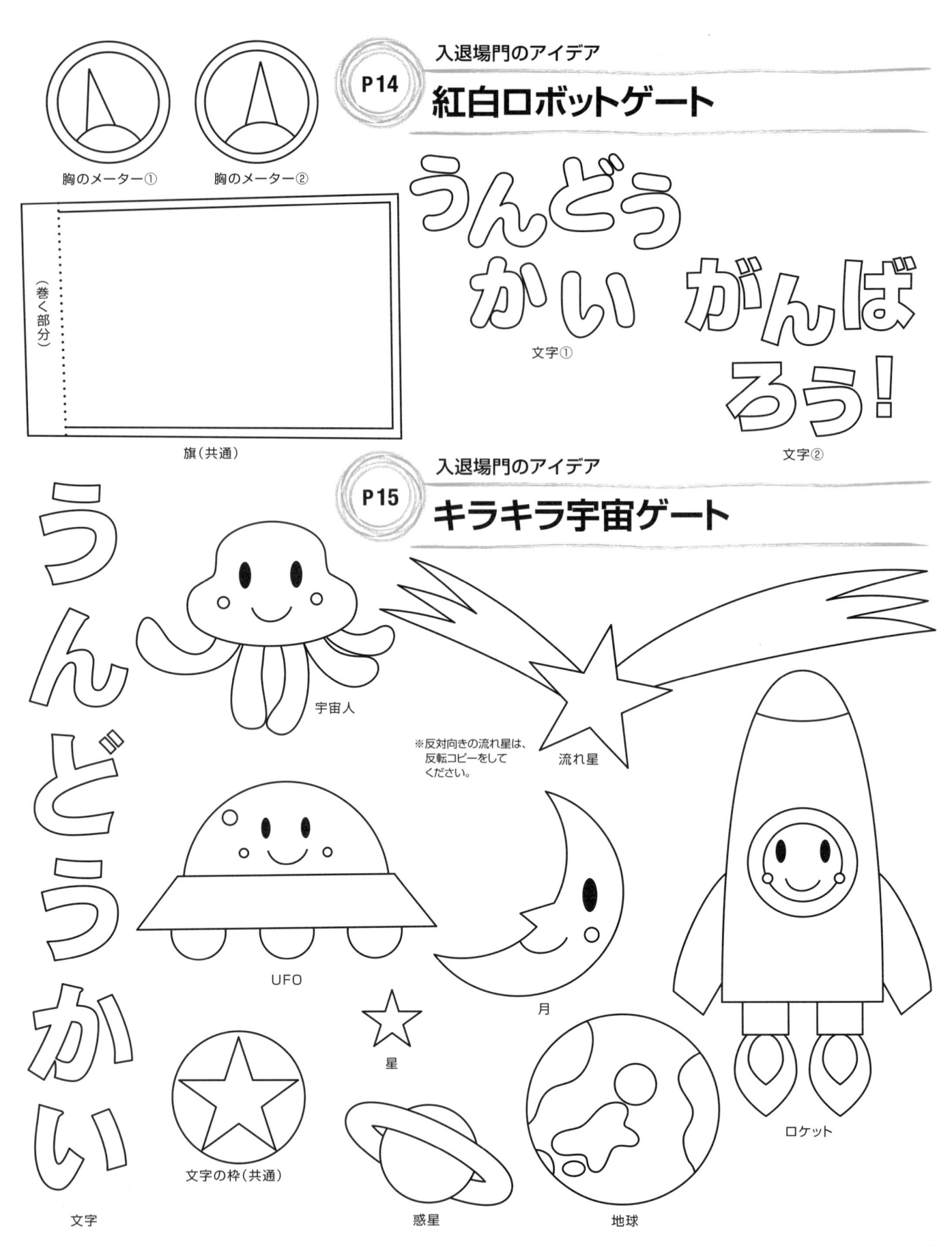

宇宙人

※反対向きの流れ星は、反転コピーをしてください。

流れ星

UFO

月

ロケット

文字の枠（共通）

星

惑星

地球

文字

うんどうかい

このメッセージが見えるまで開くときれいにコピーすることができます。

64

P16 入退場門のアイデア
飛び出せ！ カラフルゲート

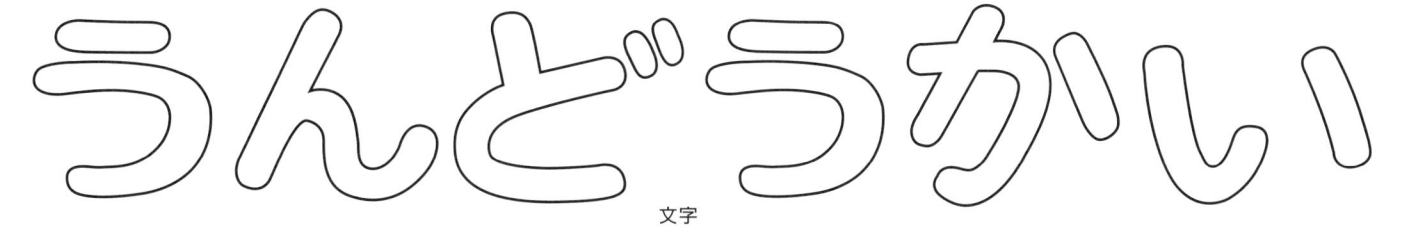

うんどうかい
文字

□ ○ ☆
四角　丸 　星　※大きな星は、拡大コピーをしてください。

P17 入退場門のアイデア
ぺたぺた手形のお日様ゲート

旗（共通）

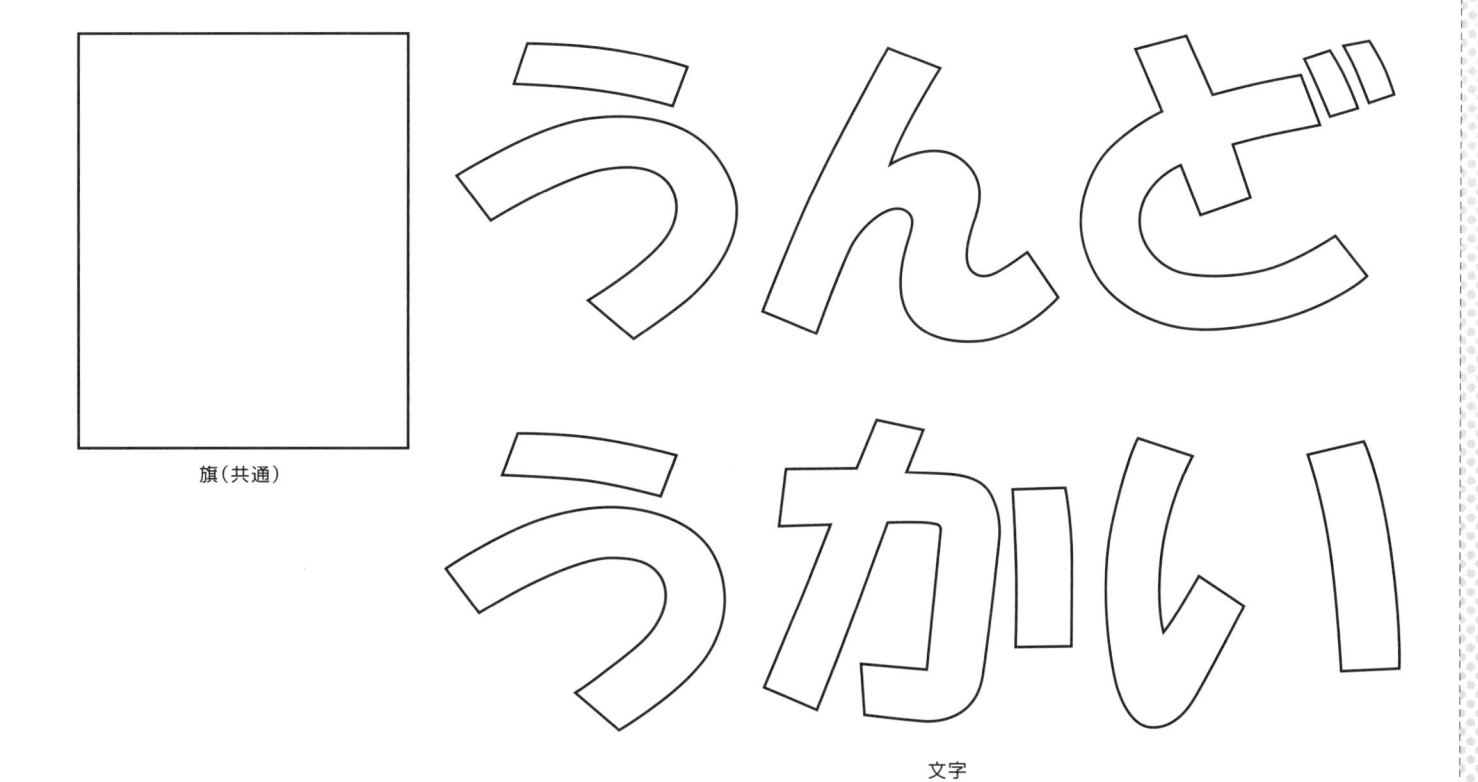

うんどうかい
文字

このメッセージが見えるまで開くときれいにコピーすることができます。

入退場門のアイデア

P18 くまさんの応援ゲート

のりしろ

うんどうかい

旗（共通） 文字

赤組のくま　　　　　白組のくま

帽子　　　　　　　　帽子
顔　　　　　　　　　顔
左手　右手　　　　　右手　左手
体　　　　　　　　　体

※反転コピーをして裏面の
　分も作ってください。
　胸の星は全て左胸に貼っ
　てください。

右足　左足　　　　　右足　左足

このメッセージが見えるまで開くときれいにコピーすることができます。

入退場門のアイデア

P19 仲よしタワーゲート

うんどうかい

文字の枠（共通）　　文字

P24 応援グッズ　チームフラッグ
のぼり風フラッグ

うさぎ組マーク

くま組マーク

P25 応援グッズ　チームフラッグ
簡単クラスプレート

P25 応援グッズ　チームフラッグ
みんな笑顔フラッグ

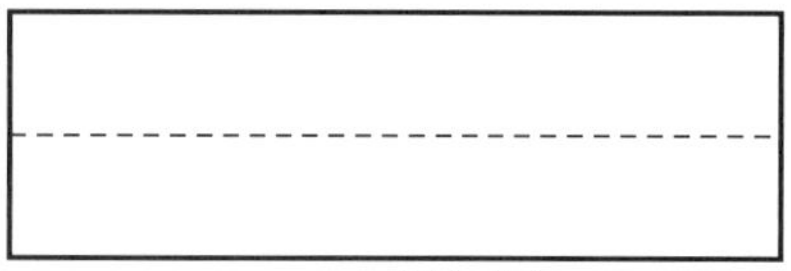

旗

ぞう

右耳

左耳

はちまき

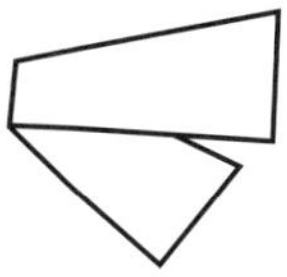

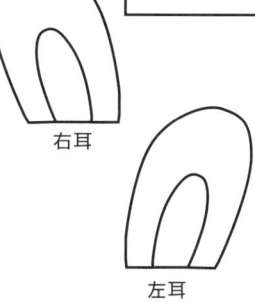

------ 谷折り

のりしろ

P25 応援グッズ　チームフラッグ
お花のクラスプレート

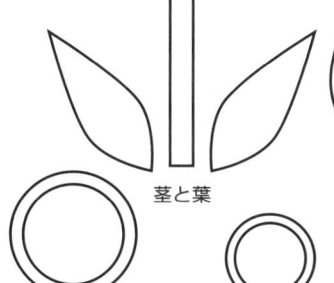

茎と葉

お花①

お花②

お花③

文字の枠①

文字の枠②

このメッセージが見えるまで開くときれいにコピーすることができます。

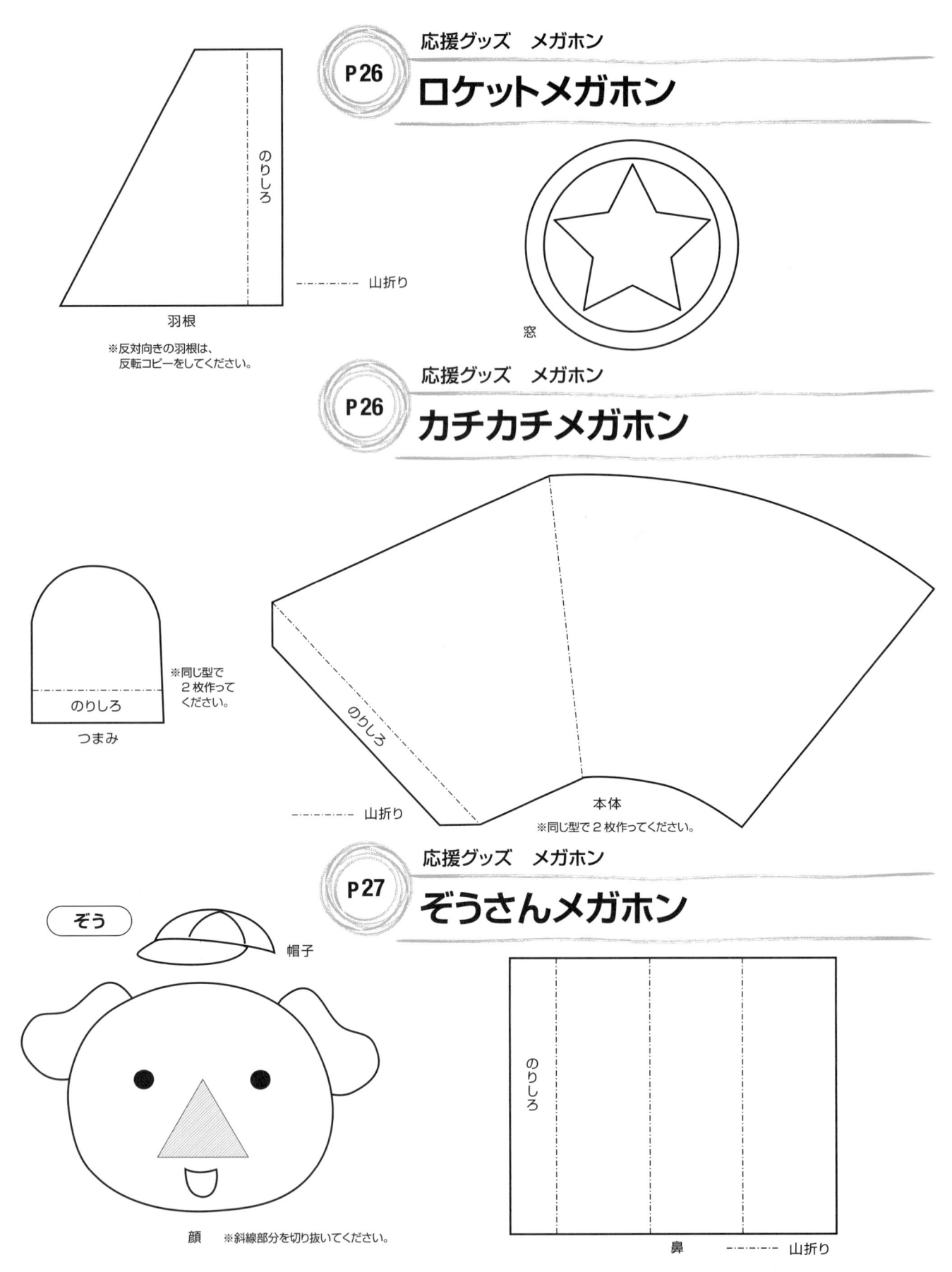

応援グッズ　メガホン

P26 ロケットメガホン

羽根
のりしろ
－・－・－ 山折り
※反対向きの羽根は、反転コピーをしてください。

窓

応援グッズ　メガホン

P26 カチカチメガホン

つまみ
のりしろ
※同じ型で2枚作ってください。

本体
のりしろ
－・－・－ 山折り
※同じ型で2枚作ってください。

応援グッズ　メガホン

P27 ぞうさんメガホン

ぞう
帽子
顔　※斜線部分を切り抜いてください。

鼻
のりしろ
－・－・－ 山折り

このメッセージが見えるまで開くときれいにコピーすることができます。

P27 応援グッズ メガホン
動物メガホン

うさぎ
顔
右手　左手

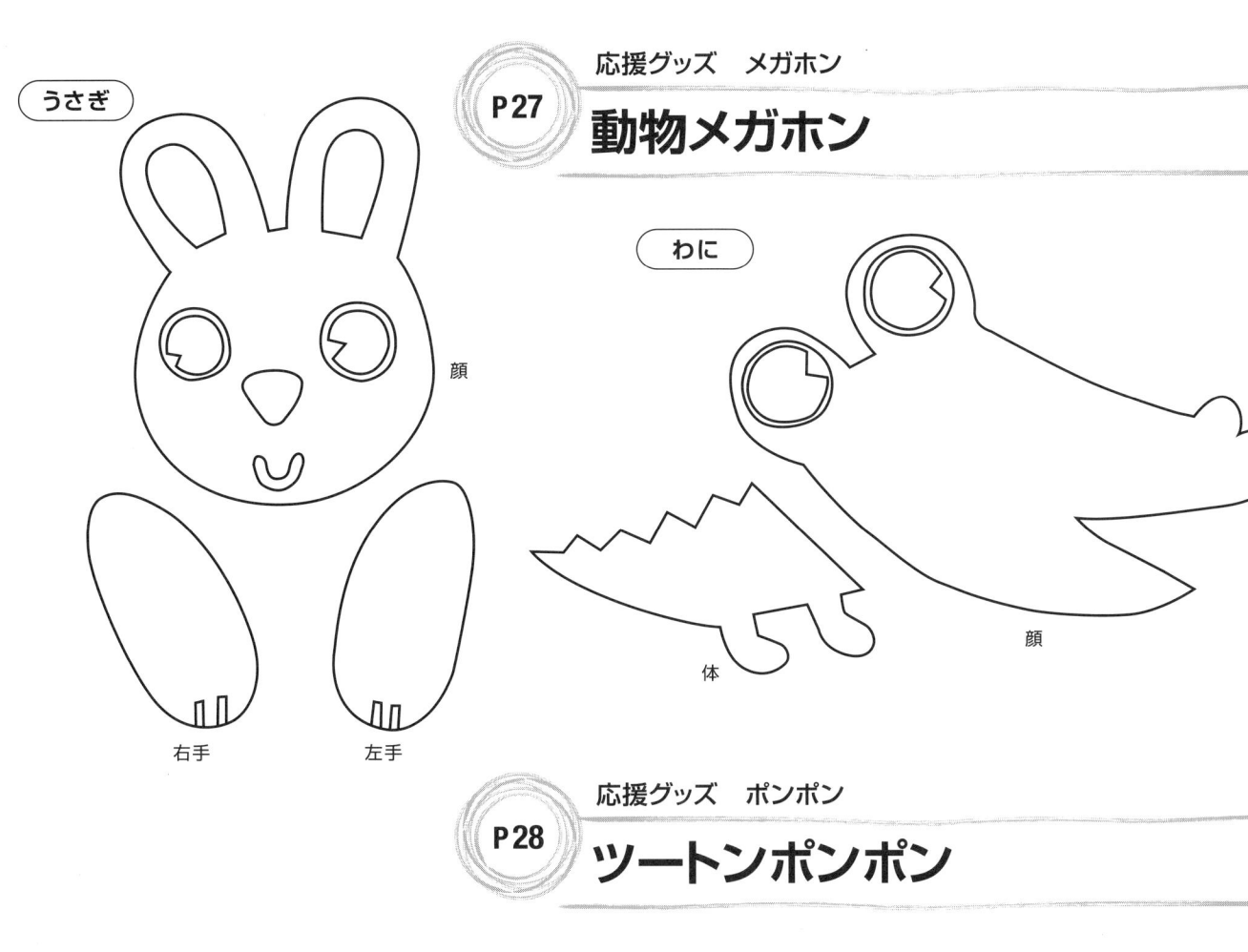

わに
体　顔

P28 応援グッズ ポンポン
ツートンポンポン

星

P29 応援グッズ ポンポン
にぎやかポンポン

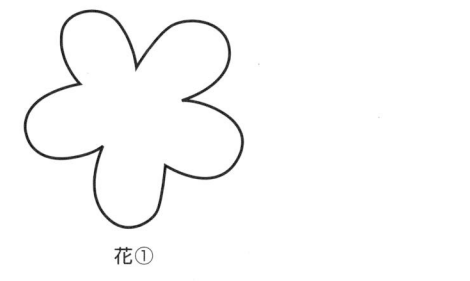

花① 　花②

このメッセージが見えるまで開くときれいにコピーすることができます。

応援グッズ 小旗
P30 ヒラヒラバタフライ

ちょうちょう

応援グッズ 小旗
P31 スケルトン小旗

星 / 顔
文字 がんばれ
くま
文字 ファイト！
フキダシ
右手 左手
体
右足 左足

フキダシ
右手 左手
体
右足 左足

応援グッズ 小旗
P31 クルクル小旗

応援グッズ 小旗
P31 フサフサうさぎさん小旗

旗

がんばれ
文字
花 うさぎ 星

このメッセージが見えるまで開くときれいにコピーすることができます。

応援グッズ　音が鳴るグッズ
P32 くまとパンダの変身うちわ

くま

パンダ

応援グッズ　音が鳴るグッズ
P32 ぶたさんリンリンスティック

ぶた

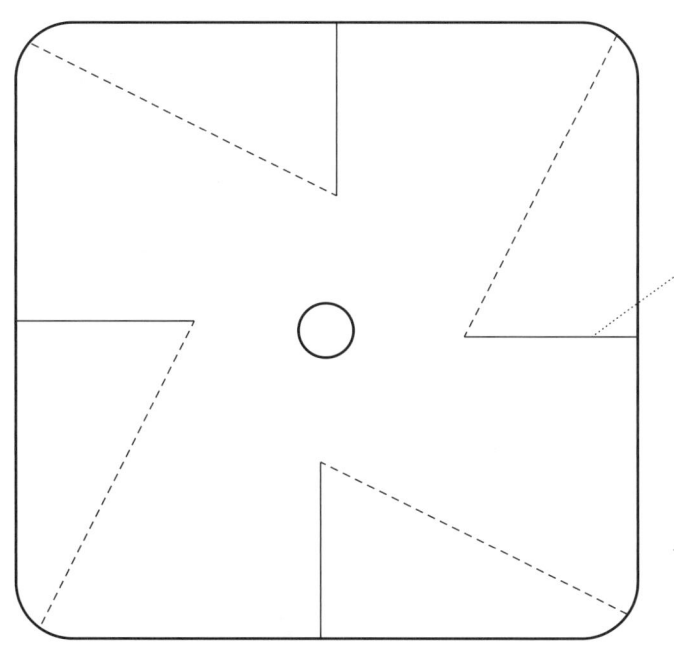

演技グッズ　バトン
P35 風車バトン

切り込みを入れる

谷折り

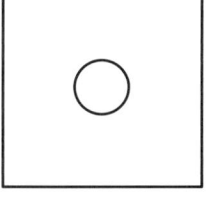

支え

星

風車の羽根　　※切り込みを入れ、- - -線部分を谷折りします。

このメッセージが見えるまで開くときれいにコピーすることができます。

ちょうちょうの羽

のりしろ
のりしろ
-・-・- 山折り

※反対向きの羽は、反転コピーをしてください。

P36　演技グッズ　コスチューム

ブンブンみつばちさん

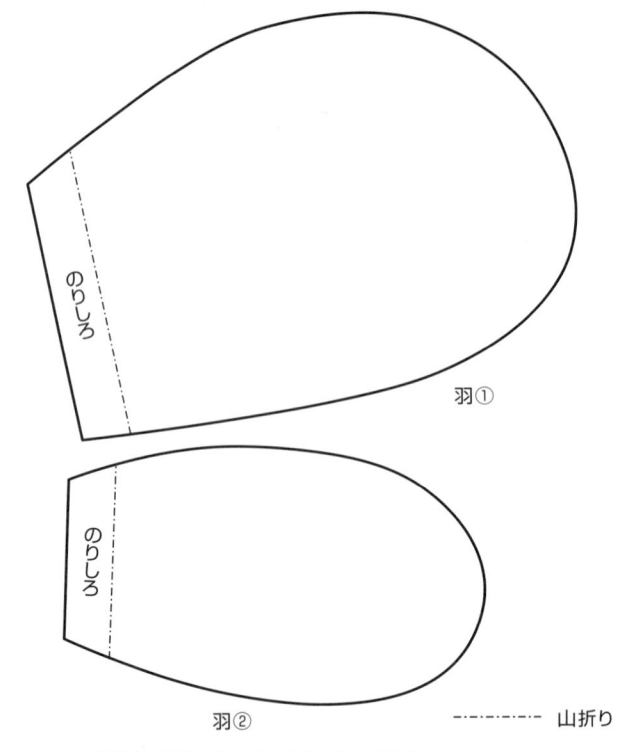

のりしろ
羽①

のりしろ
羽②
-・-・- 山折り

※反対向きの羽①・②は、反転コピーをしてください。

P37　演技グッズ　コスチューム

お花の妖精

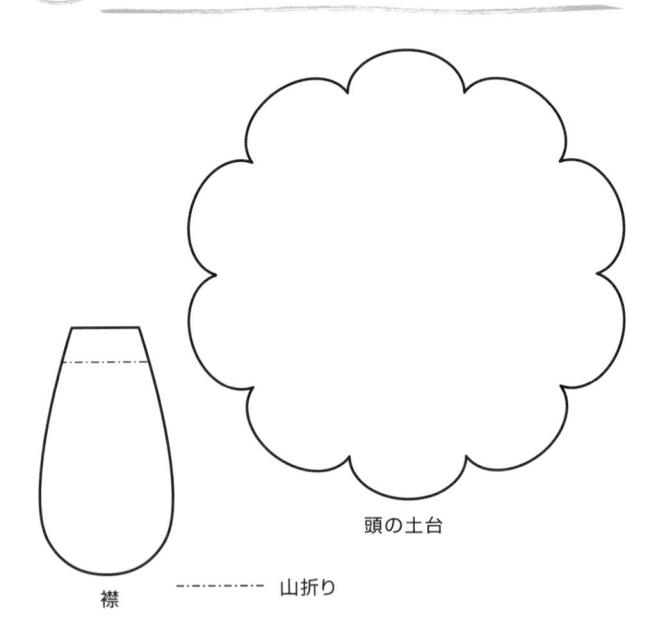

頭の土台

襟　-・-・- 山折り

※同じ型で、襟元を一周できるくらいの枚数を作ります。

P37　演技グッズ　コスチューム

キラキラエンジェル

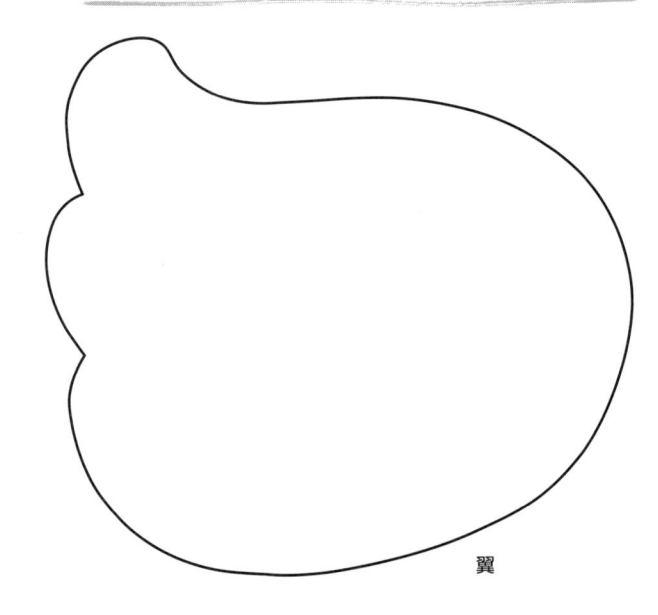

翼

※反対向きの翼は、反転コピーをしてください。

このメッセージが見えるまで開くときれいにコピーすることができます。

72

P38 演技グッズ　コスチューム
ラブリー南国風少女

首飾りの花

髪飾りと腕飾りの花

P38 演技グッズ　コスチューム
わんぱく海賊団！

※同じ型で2枚作り、剣のマークは前面のみに貼ってください。

帽子

P39 演技グッズ　コスチューム
空飛ぶスーパーヒーロー

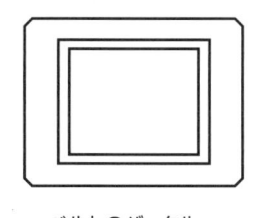

ベルトのバックル

星

P39 演技グッズ　コスチューム
ヒラヒラ星の精

星

このメッセージが見えるまで開くときれいにコピーすることができます。

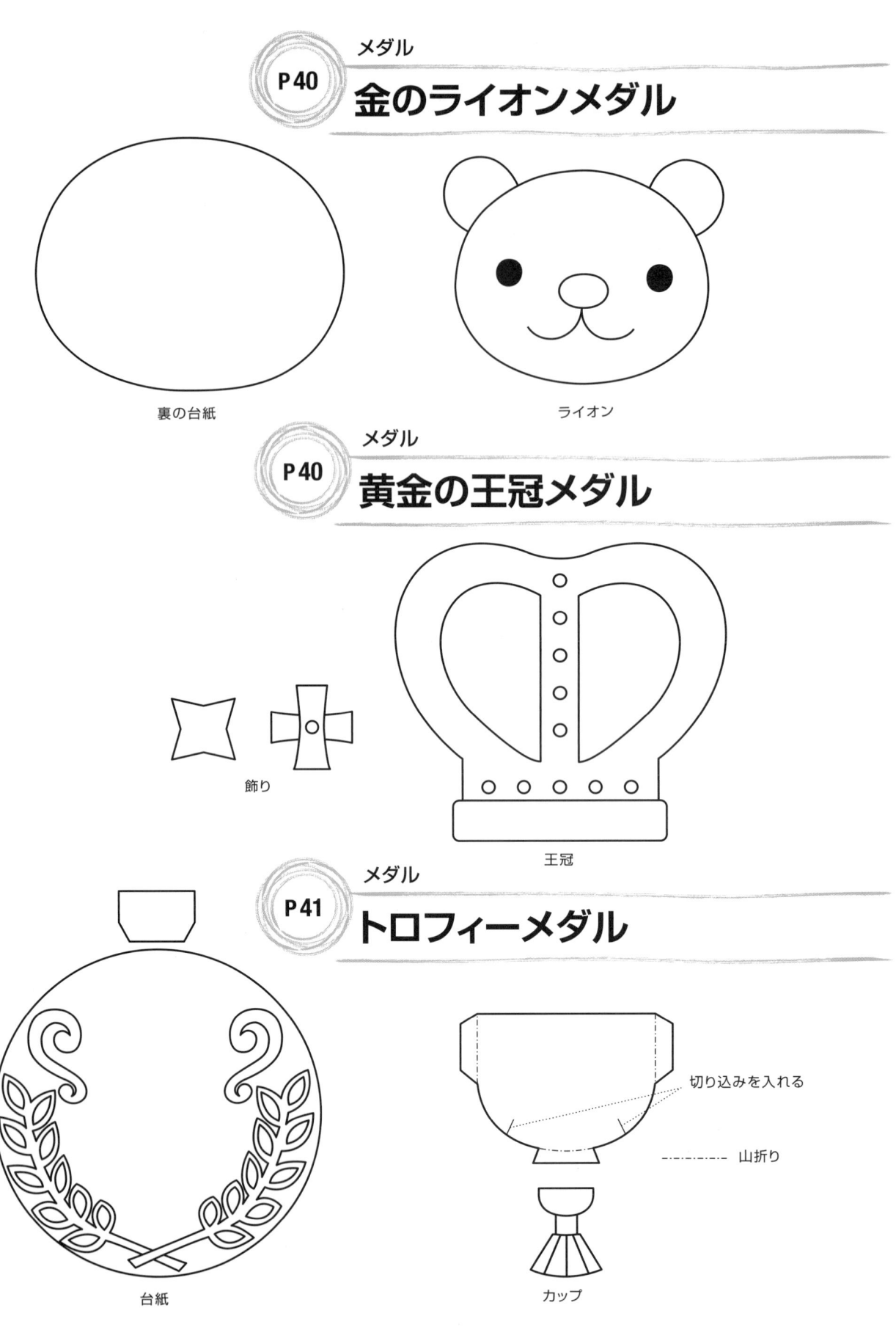

メダル
P40 金のライオンメダル

裏の台紙

ライオン

メダル
P40 黄金の王冠メダル

飾り

王冠

メダル
P41 トロフィーメダル

台紙

切り込みを入れる

― ・ ― 山折り

カップ

このメッセージが見えるまで開くときれいにコピーすることができます。

P42 メダル
キラリン！ うさぎさんメダル

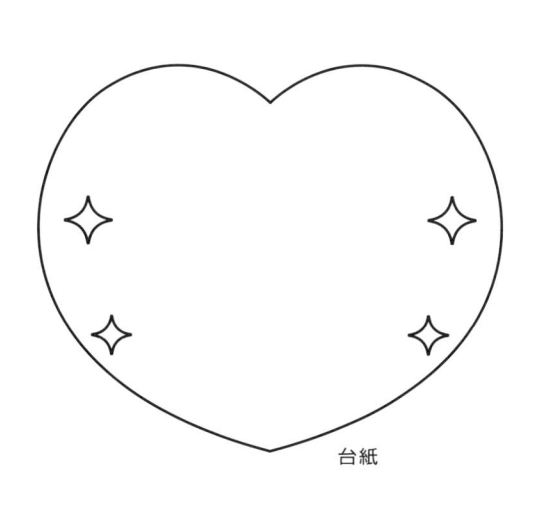

うさぎ

王冠
顔
右手　体　左手

台紙

P42 メダル
ガッツポーズメダル

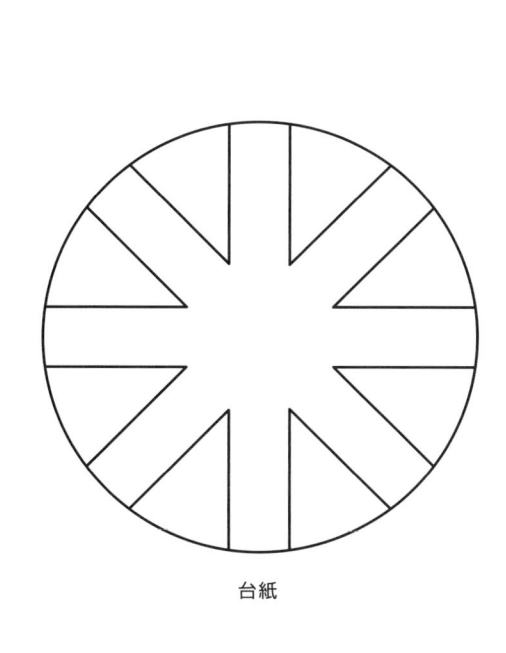

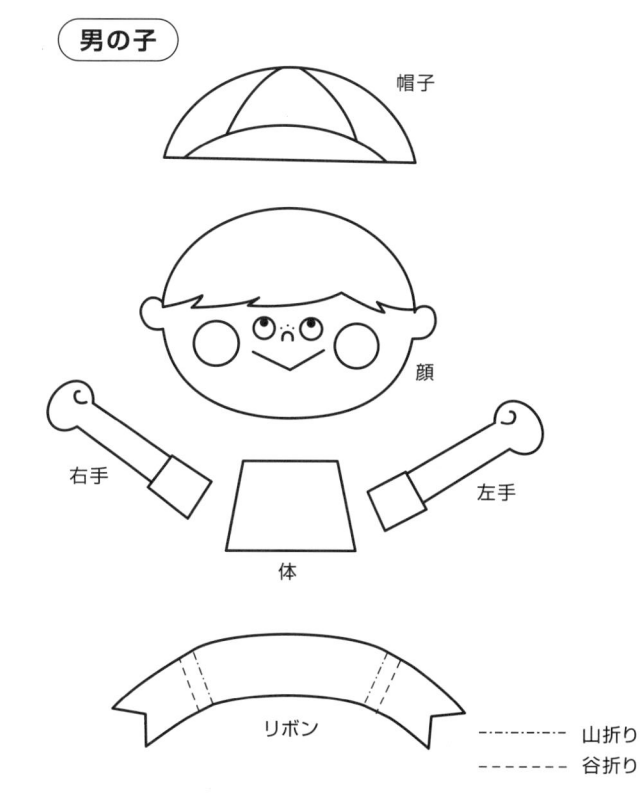

男の子

帽子
顔
右手　体　左手
リボン

台紙

-・-・- 山折り
------ 谷折り

このメッセージが見えるまで開くときれいにコピーすることができます。

P43 メダル 赤い車メダル

いぬ

右手 体 左手

顔

台紙

P43 メダル エンブレム風メダル

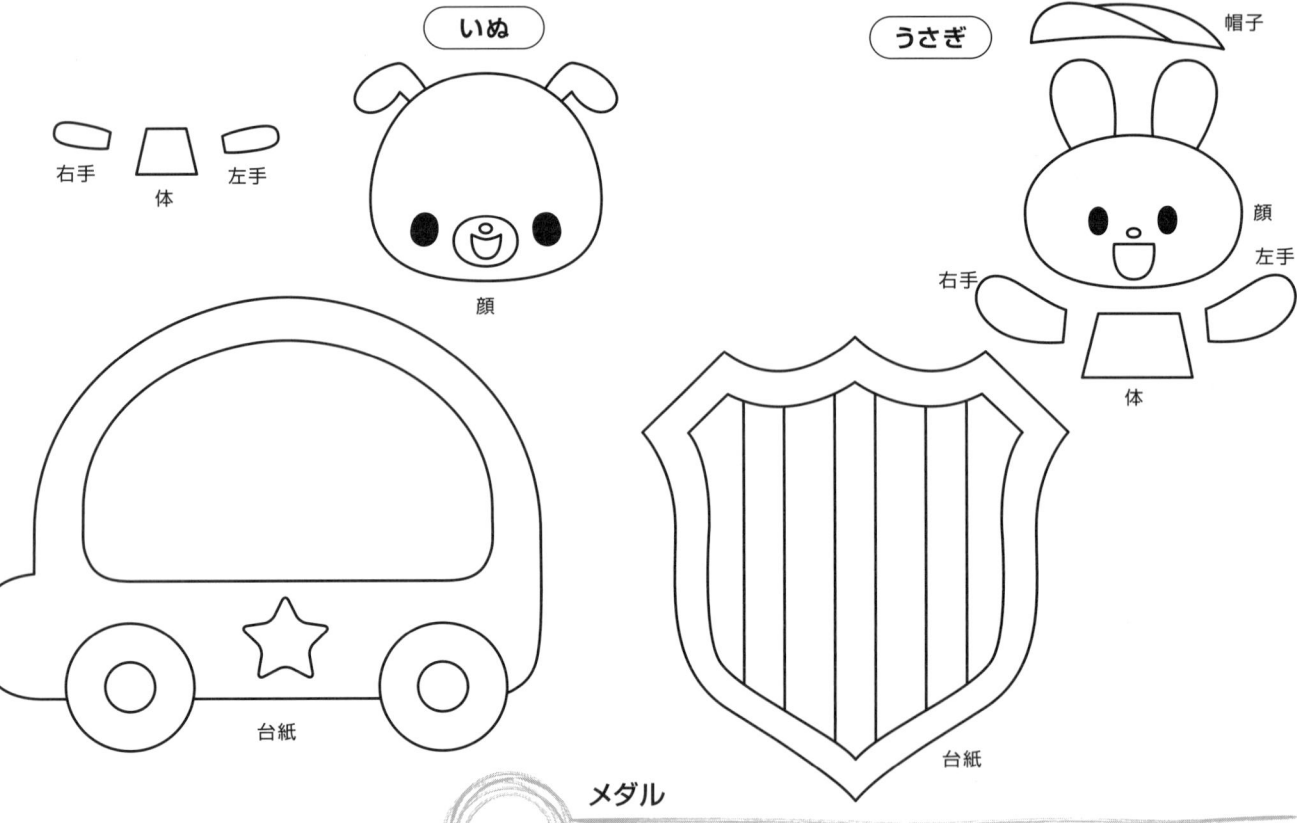

うさぎ

帽子

右手 顔 左手

体

台紙

P44 メダル ぞうさんのスケルトンメダル

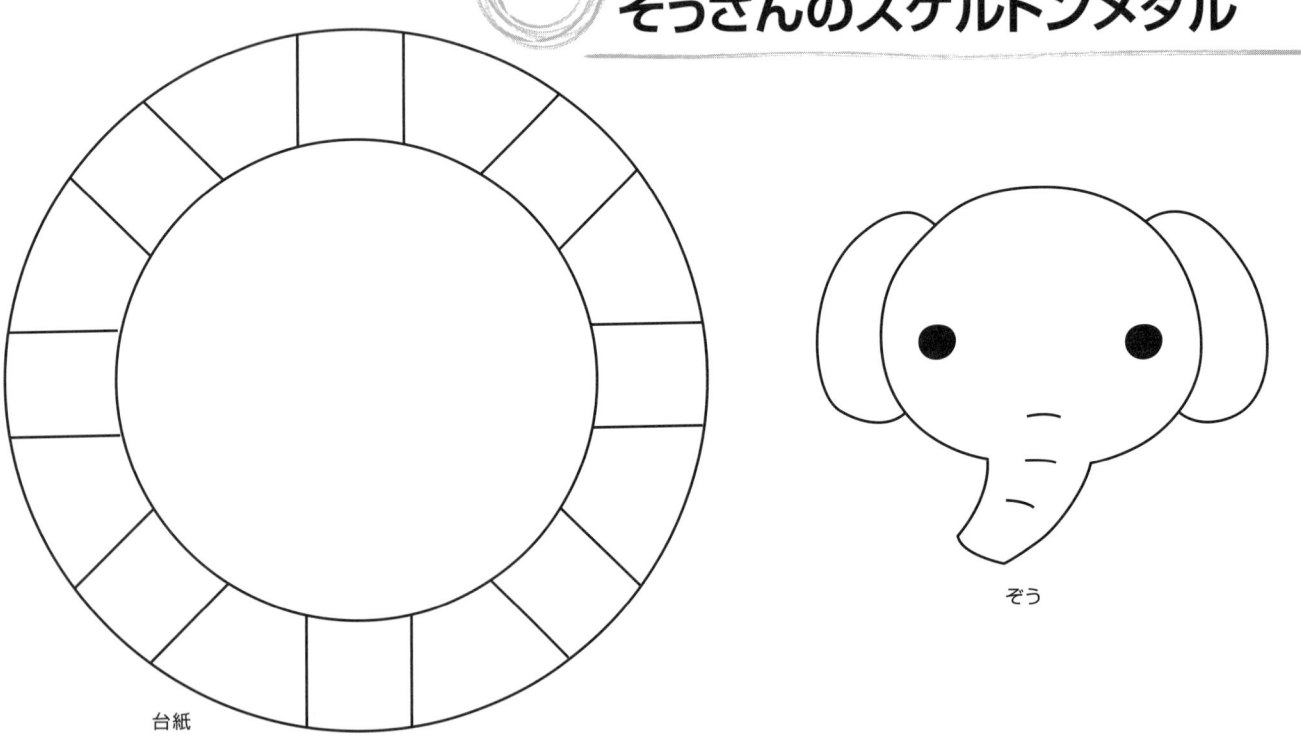

台紙

ぞう

このメッセージが見えるまで開くときれいにコピーすることができます。

P45 メダル ふっくらカラフルメダル

P44 メダル 星のキラキラメダル

模様

星

P46 メダル クラウンビーズメダル

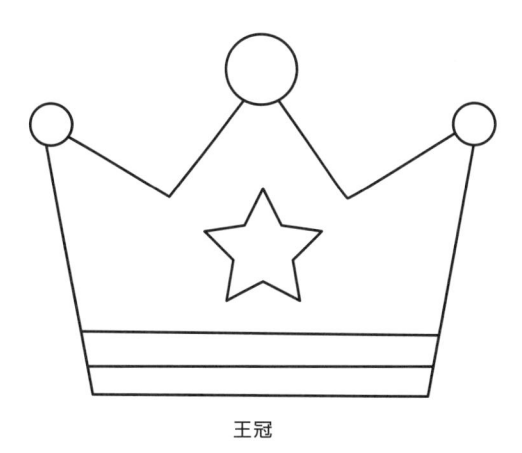

星

王冠

このメッセージが見えるまで開くときれいにコピーすることができます。

P47 メダル
紙皿思い出メダル

うさぎ

P46 メダル
ぶらぶらくまさんメダル

くま

顔

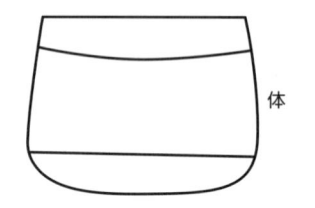

体

P48 案内グッズ プログラム
スニーカープログラム

プログラム面

表紙

このメッセージが見えるまで開くときれいにコピーすることができます。

P48 にこにこバードの応援プログラム

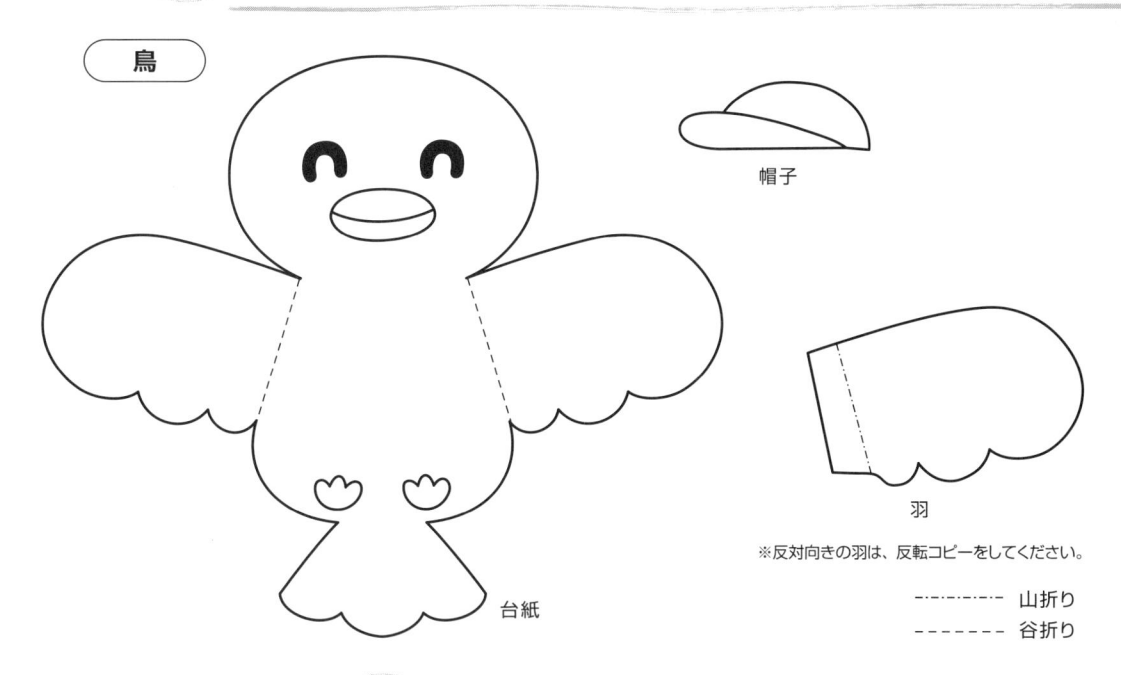

案内グッズ　プログラム

鳥

帽子

羽

※反対向きの羽は、反転コピーをしてください。

台紙

—·—·—·— 山折り
— — — — 谷折り

P49 紅白大玉転がしプログラム

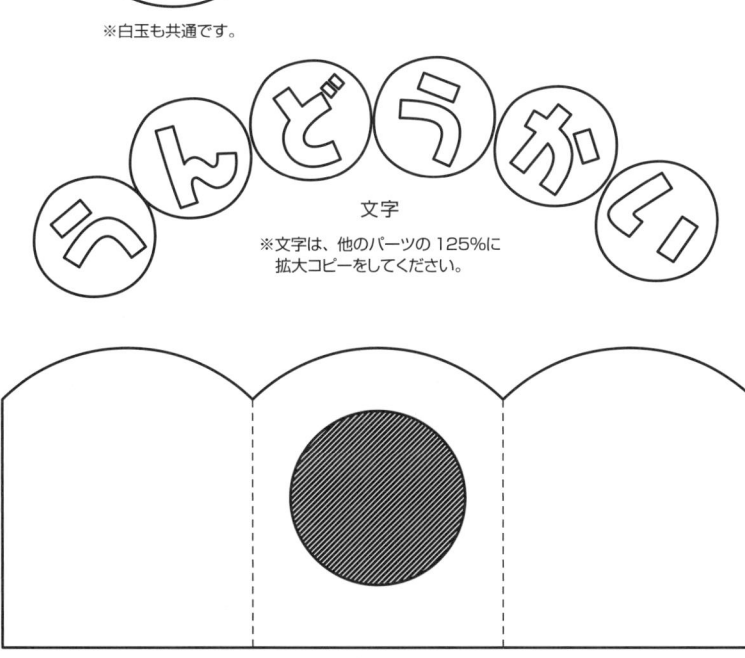

案内グッズ　プログラム

赤玉
※白玉も共通です。

うさぎ

右手

ねこ

顔

顔

左手

体

体

文字
※文字は、他のパーツの125%に拡大コピーをしてください。

台紙　※台紙と赤玉は、他のパーツの400%に拡大コピーをしてください。
　　　※斜線部分を切り抜く。

— — — — 谷折り

このメッセージが見えるまで開くときれいにコピーすることができます。

案内グッズ　プログラム

P49 体操着風プログラム

台紙
※3回、じゃばらに折ります。
斜線部分を切り取ってください。

案内グッズ　プログラム

P50 折り畳みメガホンプログラム

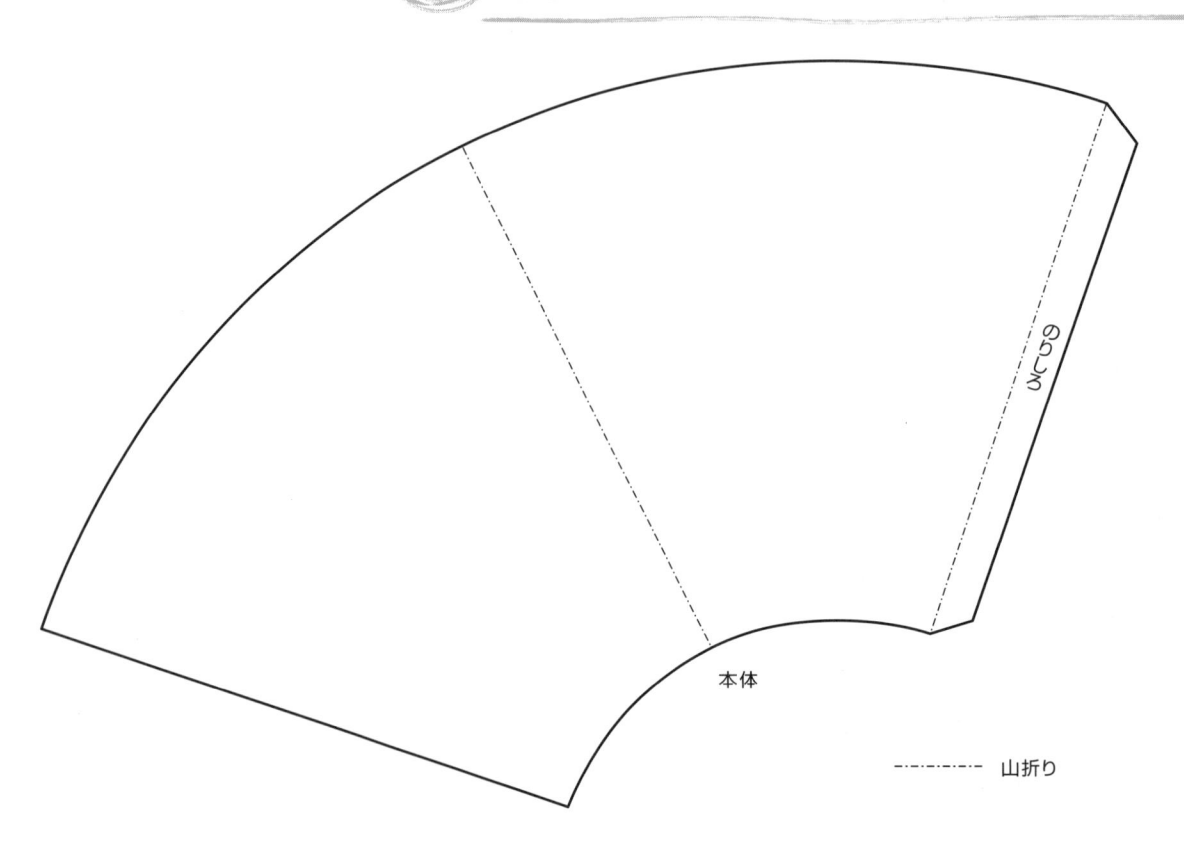

のりしろ

本体

―・―・― 山折り

このメッセージが見えるまで開くときれいにコピーすることができます。

P50 かけっこプログラム

案内グッズ　プログラム

雲

※小さな雲は、縮小コピーをしてください。

女の子

P51 ぞうさんとねずみさんの綱引きプログラム

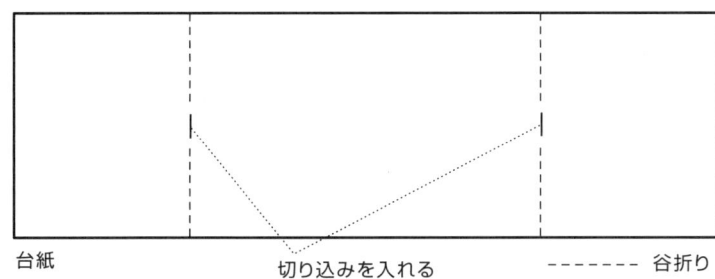

案内グッズ　プログラム

台紙　　　切り込みを入れる　　------- 谷折り

※台紙は、他のパーツの400%に拡大コピーをしてください。

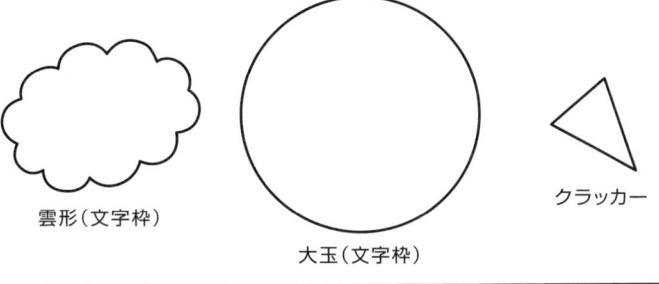

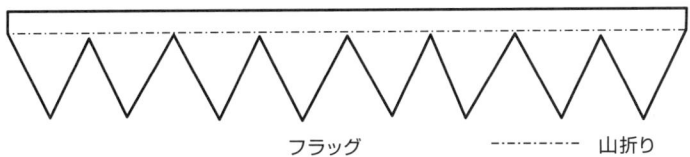

雲形（文字枠）　　大玉（文字枠）　　クラッカー

フラッグ　　-------- 山折り

※フラッグ、雲形、大玉は、他のパーツの200%に拡大コピーをしてください。

ぞう　　帽子　　汗　　体

ねずみ

このメッセージが見えるまで開くときれいにコピーすることができます。

案内グッズ　プログラム

P51　玉転がしのスライドプログラム

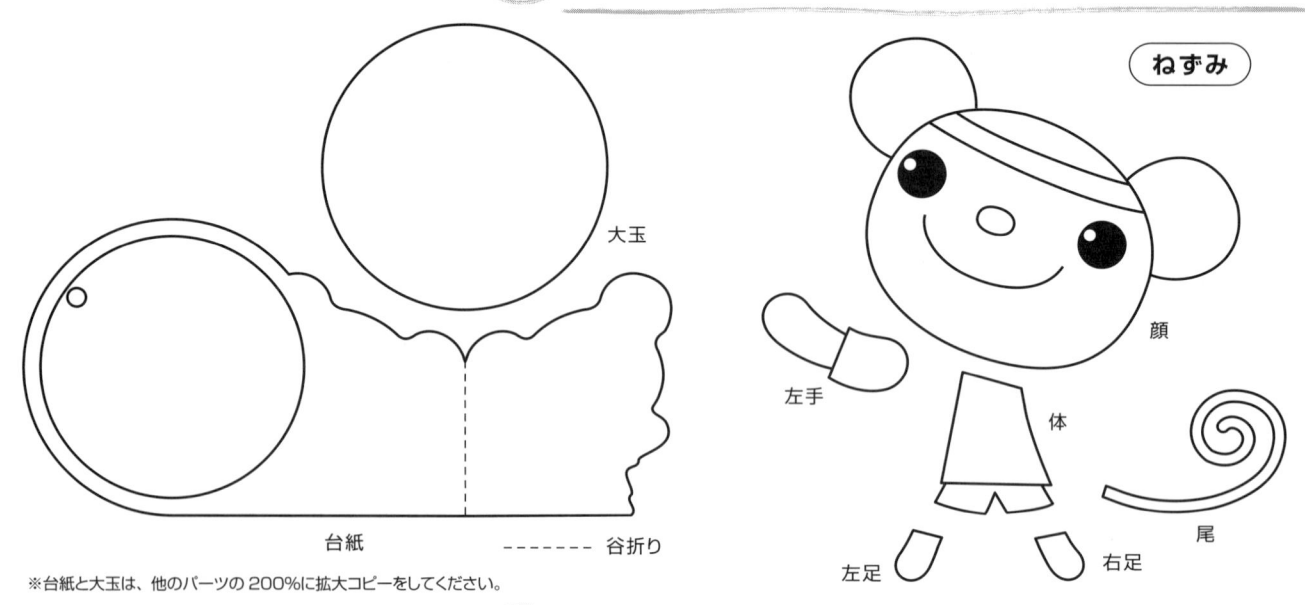

（ねずみ）

大玉

台紙　　------ 谷折り

※台紙と大玉は、他のパーツの200％に拡大コピーをしてください。

左手　　顔　　体　　尾　　左足　　右足

案内グッズ　プログラム

P52　ペンギンくんの応援プログラム

（ペンギン）

はちまき

右羽　　左羽

右足　　左足

プログラム　　------ 山折り　　体

このメッセージが見えるまで開くときれいにコピーすることができます。

P53 案内グッズ　プログラム	P53 案内グッズ　プログラム
ポシェット形プログラム	**玉入れ競争プログラム**

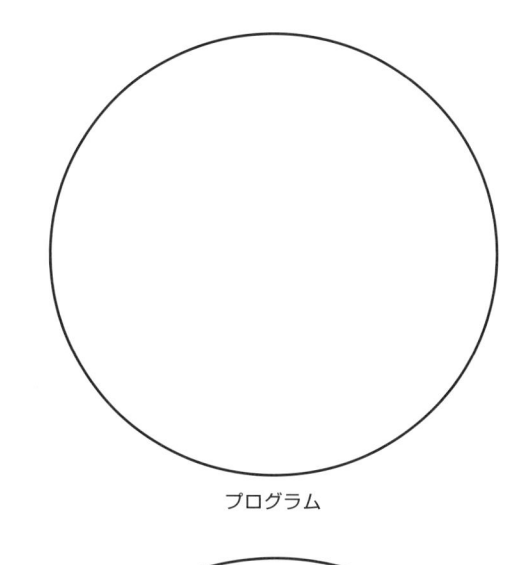

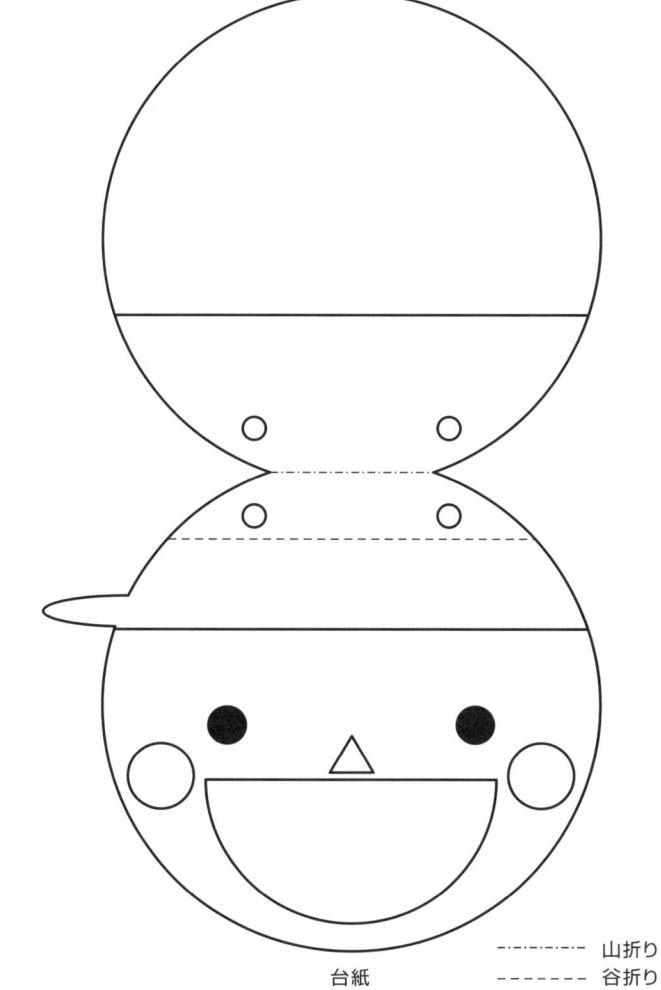

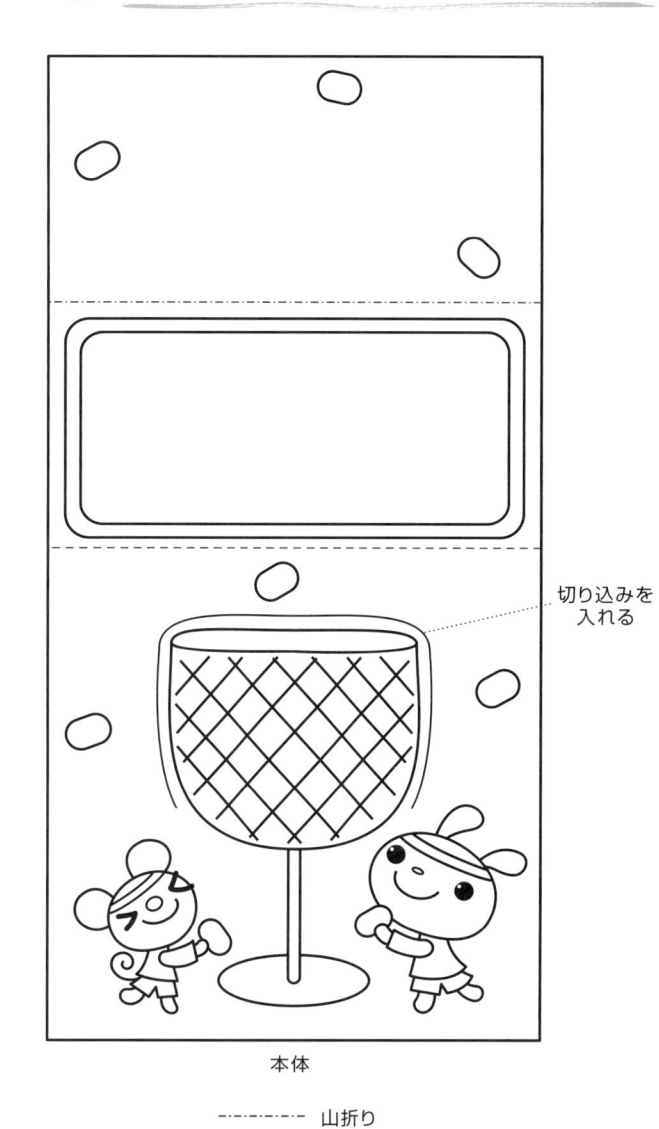

プログラム

台紙

- ─・─・─　山折り
- ─ ─ ─ ─　谷折り

切り込みを入れる

本体

- ─・─・─　山折り
- ─ ─ ─ ─　谷折り

このメッセージが見えるまで開くときれいにコピーすることができます。

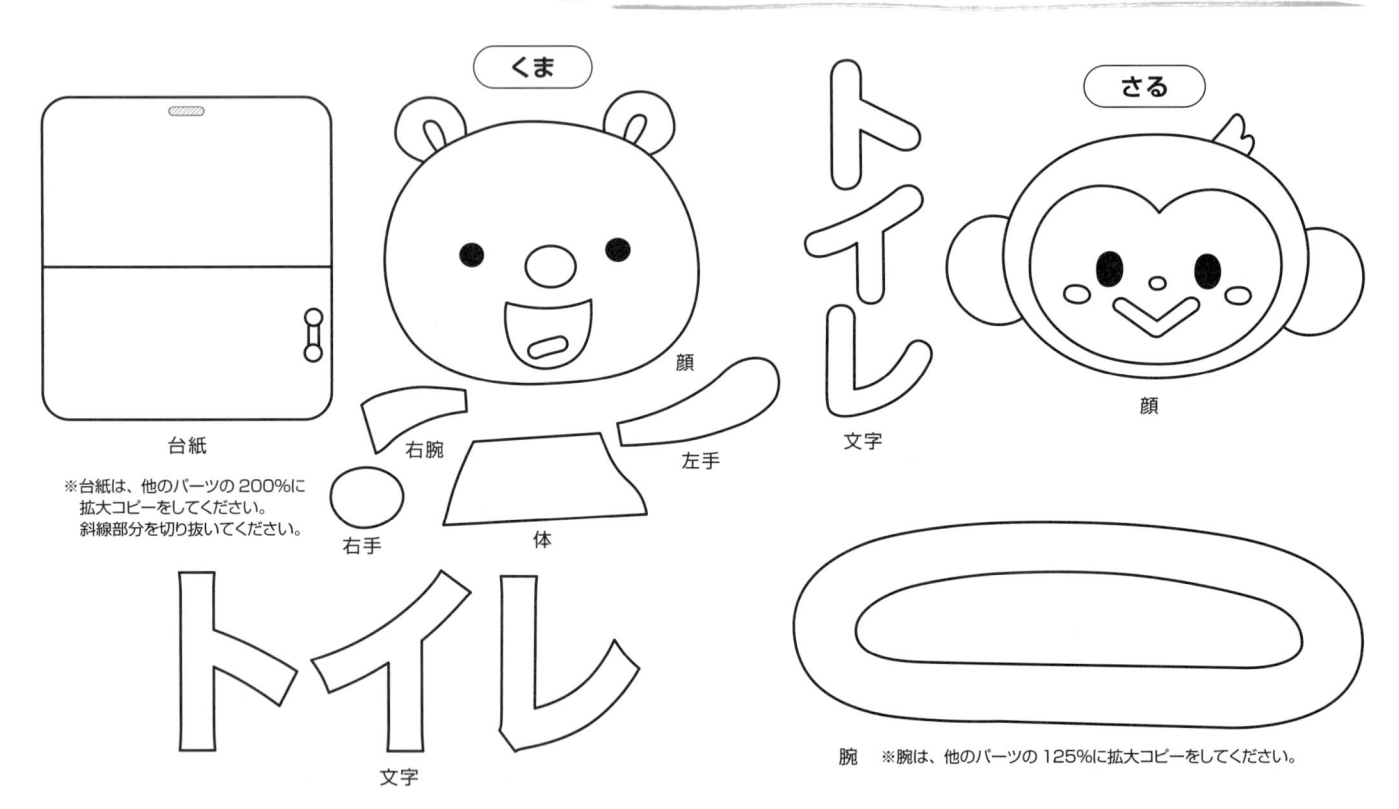

このメッセージが見えるまで開くときれいにコピーすることができます。

P54 案内グッズ　案内マーク
本部

台紙（正面）

フキダシ　本部

ぶた

のりしろ

マイク

星

右手

右腕

顔

体

左手

台紙（側面）
------ 山折り

※台紙（正面、側面）、フキダシは、他のパーツの200％に拡大コピーをしてください。

台紙
※台紙は、他のパーツの200％に拡大コピーをしてください。

ねこ

顔

マイク

右手

体

左手

音声の線

本部

文字

※同じ型で3枚作ってください。

P54 案内グッズ　案内マーク
トイレ

台紙
※台紙は、他のパーツの200％に拡大コピーをしてください。斜線部分を切り抜いてください。

くま

顔

右腕

右手

体

左手

さる

顔

トイレ
文字

トイレ
文字

腕　※腕は、他のパーツの125％に拡大コピーをしてください。

P54 案内グッズ　案内マーク
救護

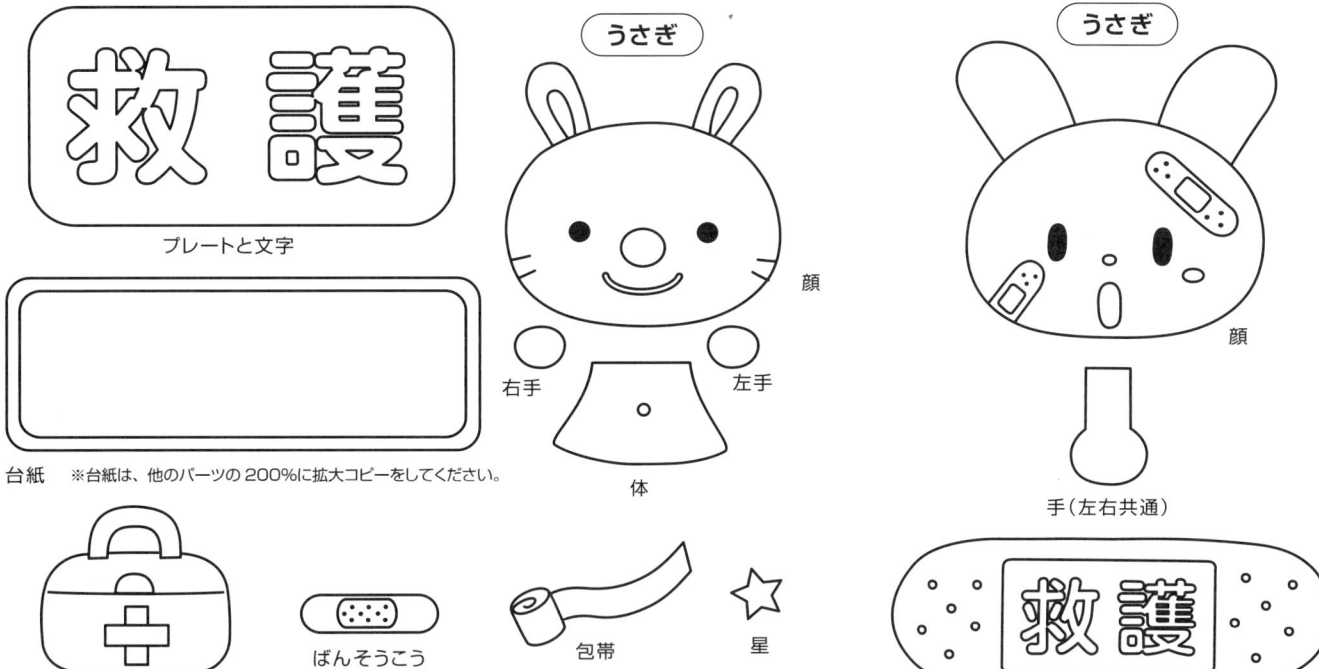

プレートと文字

台紙　※台紙は、他のパーツの200％に拡大コピーをしてください。

- 救急箱
- ばんそうこう
- 包帯
- 星

うさぎ
- 顔
- 右手
- 左手
- 体

うさぎ
- 顔
- 手（左右共通）
- ばんそうこう（救護）

P55 案内グッズ　案内マーク
保護者席

お母さんくま
- 顔
- 右手
- 左手
- 体

お父さんくま
- 顔
- 右手
- 左手
- 体

星

プレートと文字

台紙　※台紙は、他のパーツの200％に拡大コピーをしてください。

お母さんの顔

お父さんの顔

ボタン（共通）

保護者席／保護者席　------ 山折り
プレート

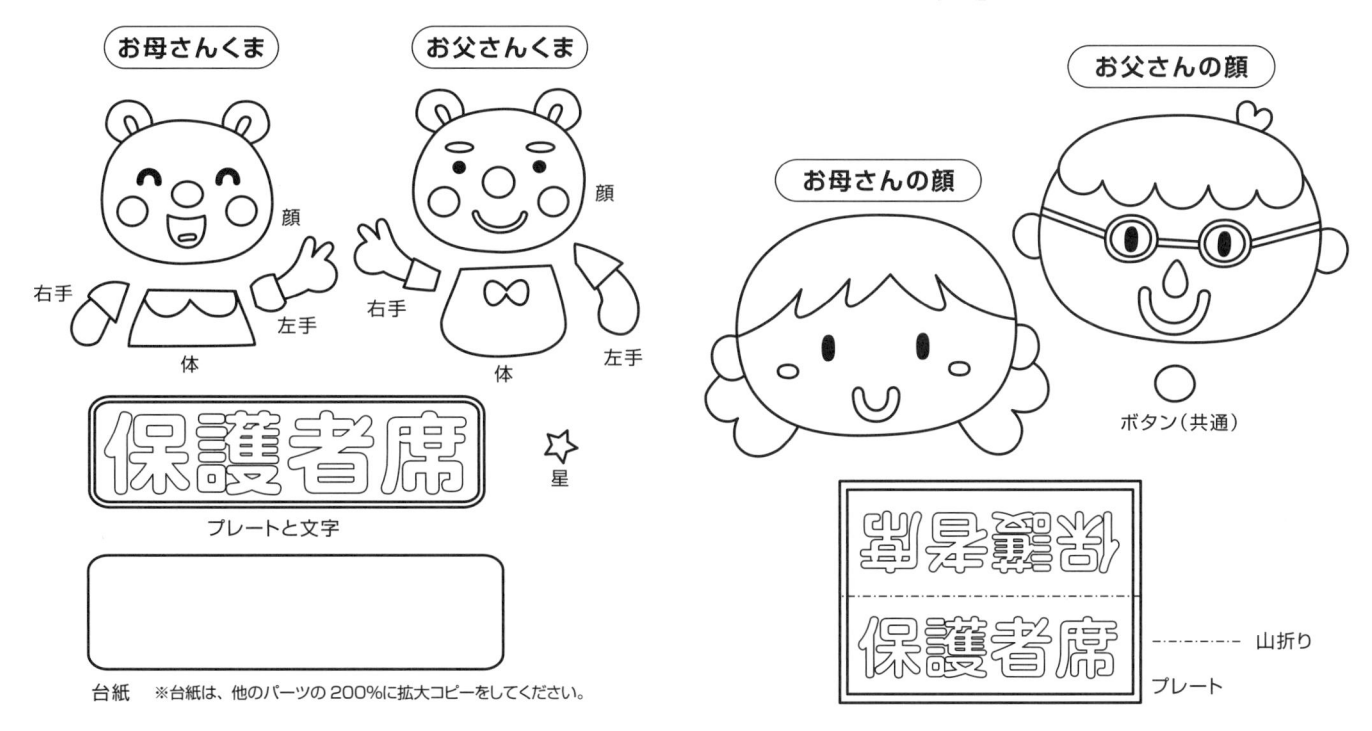

このメッセージが見えるまで開くときれいにコピーすることができます。

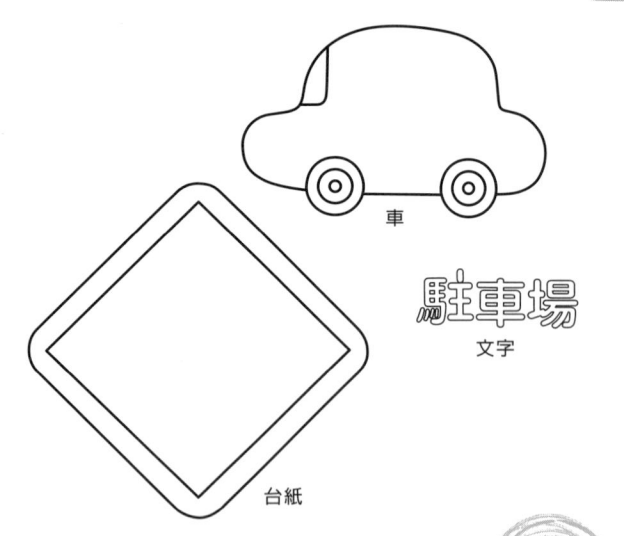

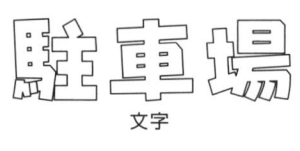

案内グッズ　案内マーク

P55　駐車場

- 車
- 駐車場 文字
- 台紙
- 駐車場 文字
- 台紙 
　※台紙は、他のパーツの200％に拡大コピーをしてください。
- 車

案内グッズ　案内マーク

P55　駐輪場

- 駐輪場 文字
- 台紙 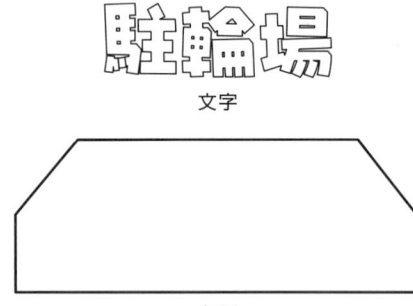
　※台紙は、他のパーツの200％に拡大コピーをしてください。
- 自転車① 
- 自転車②

案内グッズ　案内マーク

P55　撮影スポット

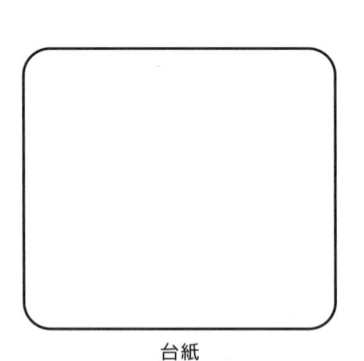

- 台紙
　※台紙は、他のパーツの200％に拡大コピーをしてください。
- カメラ 
- 撮影 文字
- フラッシュ
- くま
- 右手
- 顔 
- 左手

このメッセージが見えるまで開くときれいにコピーすることができます。

86

P56 案内グッズ　案内マーク
ごみは持ち帰ってね

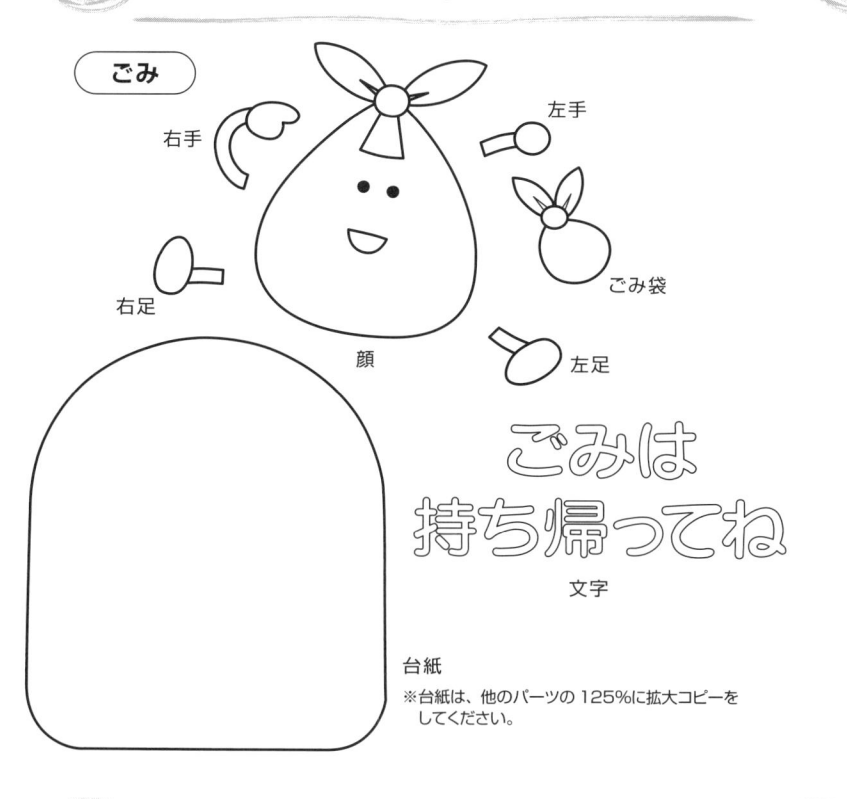

ごみ
- 右手
- 左手
- 顔
- 右足
- ごみ袋
- 左足

ごみは持ち帰ってね　文字

台紙
※台紙は、他のパーツの125%に拡大コピーをしてください。

P56 案内グッズ　案内マーク
水飲み場

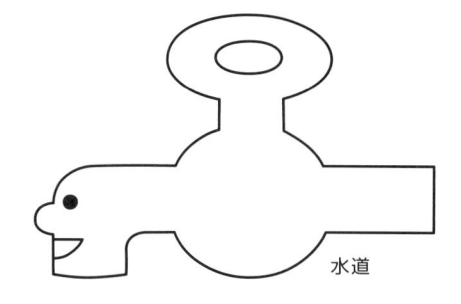

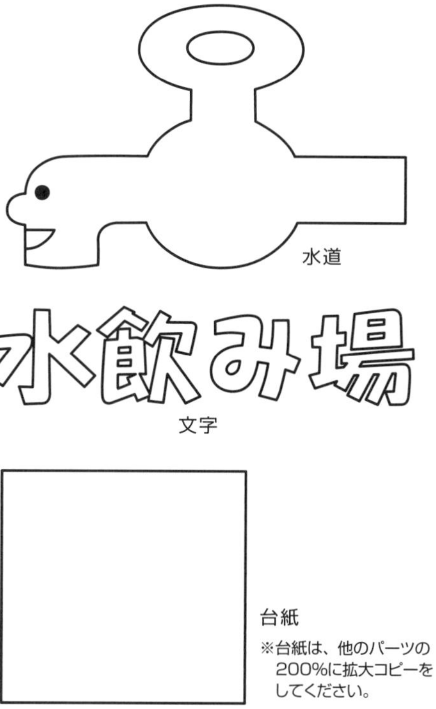

水道

水飲み場　文字

台紙
※台紙は、他のパーツの200%に拡大コピーをしてください。

P56 案内グッズ　案内マーク
はいらないでね

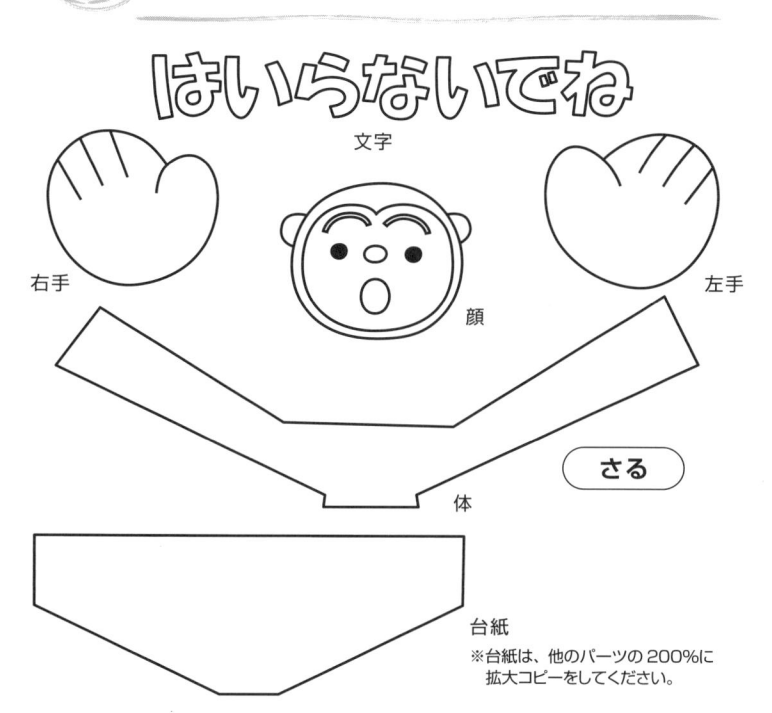

はいらないでね　文字

- 右手
- 顔
- 左手
- 体
- さる

台紙
※台紙は、他のパーツの200%に拡大コピーをしてください。

P56 案内グッズ　案内マーク
あそばないでね

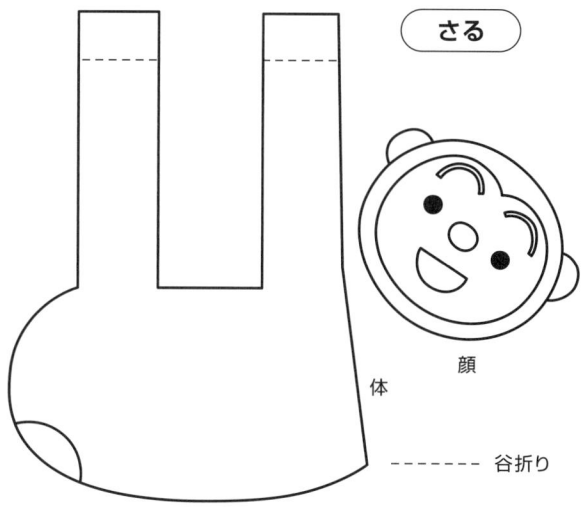

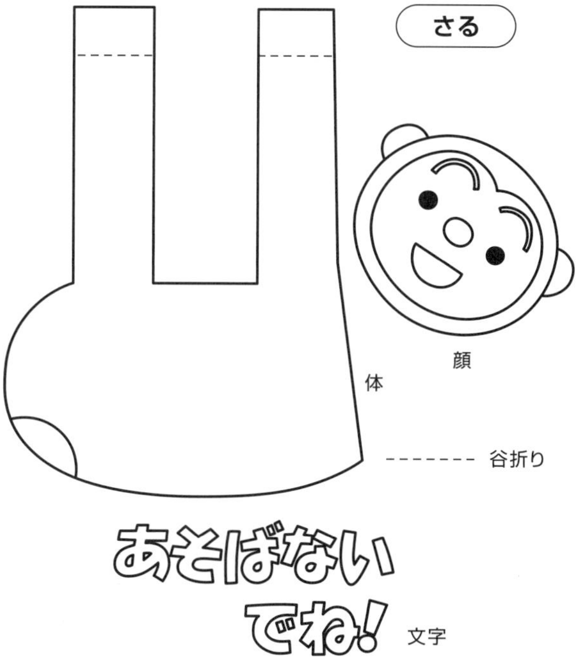

さる
- 体
- 顔
- ------- 谷折り

あそばないでね！　文字

このメッセージが見えるまで開くときれいにコピーすることができます。

● 案・製作（50音順に掲載）

あかまあきこ、いしかわ☆まりこ、いとう・なつこ、うえはらかずよ、尾田芳子、くまがいゆか、さとうゆか、すぎやままさこ、俵裕子、とりごえこうじ、中川真由子、ピンクパールプランニング、冬野いちこ、まーぶる、丸林佐和子、みつき、宮尾怜衣、むらかみひとみ、山下きみよ、山下味希恵、ユカリンゴ、よしだみほこ、代々木公園アートスタジオ

● 撮影
林　均、正木達郎

● 作り方イラスト
河合美穂、内藤和美、みつき

● モデル
有限会社ジョビィキッズ、セントラル子供タレント株式会社、株式会社ヒラタオフイス

● アーチ提供協力
株式会社トッケン

表紙イラスト ● たちのけいこ
表紙デザイン ● 檜山由美
本文デザイン ● 島村千代子
型紙トレース・本文デザイン ● 株式会社奏create、プレーンワークス
本文校正 ● 有限会社くすのき舎
編集協力 ● 株式会社スリーシーズン
編集担当 ● 石山哲郎、西岡育子

ポットブックス
ハッピー運動会　楽しさいっぱい運動会飾り

2011年7月　初版第1刷発行

編　者／ポット編集部　©CHILD HONSHA CO.,LTD. 2011
発行人／浅香俊二
発行所／株式会社チャイルド本社
　　　　〒112-8512　東京都文京区小石川5-24-21
　　　　☎ 03-3813-2141（営業）　☎ 03-3813-9445（編集）
振　替／00100-4-38410

印刷所／共同印刷株式会社
製本所／一色製本株式会社
ISBN／978-4-8054-0186-6　C 2037
　　　　NDC 376 88P 25.7×21.0㎝　Printed in Japan

本書の型紙以外のページを無断で複写複製することは、法律で認められた場合を除き、著作権者及び出版社の権利の侵害となりますので、その場合は予め小社あて許諾を求めてください。

乱丁・落丁本はお取り替えいたします。
チャイルド本社ホームページアドレス　http://www.childbook.co.jp/
チャイルドブックや保育図書の情報が盛りだくさん。どうぞご利用ください。